AI와 자연 언어

AI문고

인공지능 시대입니다. 기계가 인간의 인지를 대신하고, 사물이 인간을 통하지 않고 다른 사물과 직접 커뮤니케이션합니다. 이에 따른 인간 삶과 문명 변화를 정확히 이해 · 예측 · 대응하는 것은 이 시대 우리 모두의 과제입니다. AI문고는 인공지능 기술과 환경의 여러 주제를 10가지 키워드로 정리합니다. 관련 개념과 이론, 학계와 산업계의 쟁점, 우리 일상의 변화를 다룹니다. 인간과 기술의 현재, 미래를 세심히 분석합니다.

일러두기

- 인명, 작품명, 저서명, 개념어 등은 한글과 함께 괄호 안에 해당 국가의 원어를 병기했습니다.
- 외래어 표기는 현행 어문규정의 외래어표기법을 따랐습니다. 다만 '딥러닝', '딥마인드', '딥페이크' 등은 관행을 따랐습니다.

처음이세요?

전문가세요?

AI와 자연 언어

황순희

대한민국, 서울, 커뮤니케이션북스, 2025

AI와 자연 언어

지은이 황순희
펴낸이 박영률

초판 1쇄 펴낸날 2025년 2월 21일

커뮤니케이션북스(주)
출판 등록 2007년 8월 17일 제313-2007-000166호
02880 서울시 성북구 성북로 5-11
전화(02) 7474 001, 팩스(02) 736 5047
commbooks@commbooks.com
www.commbooks.com

ISBN 979-11-7307-480-6 03500

책값은 뒤표지에 표시되어 있습니다.

차례

AI, '언어 수행'까지 이해하다

최근 딥러닝(deep learning) 기반 인공지능(artificial intelligence, AI)은 비약적 발전을 거듭하고 있다. AI 기술은 기존 기술과의 결합을 통해 산업 전반에 적용할 수 있는 수준으로 발전했고, 최근 챗GPT(ChatGPT)로 촉발된 AI 산업 성장은 더욱 가속화될 것으로 전망된다. 특히 눈부신 발전이 기대되는 대표적 분야 중 하나인 자연어 처리(natural language processing, NLP)는 인간 언어인 자연 언어를 기계(컴퓨터)가 이해하고 처리하는 기술로, AI 기술의 핵심 분야 중 하나다. 더욱이 최근 AI의 발달로 기계(컴퓨터)가 인간의 '언어 능력(competence)'과 관련된 내재적 언어 지식뿐만 아니라, 실제 '언어 수행(performance)'을 이해하고 언어 데이터를 생성하기 시작했다.

이 책에서는 자연 언어의 다양한 영역에 AI가 활용되는 사례와 효과를 살펴보고, 그 이면의 한계와 과제, 향후 발전 방안을 모색하고자 했다. 자연어 처리 기술은 이미 우리 일상생활에 자연스럽게 스며들어(seamless) 있다. 가령 사용자의 음성을 인식하여 명령을 수행하는 음성 인식(speech recognition) 기술이나, GPS 또는 내비게이션 앱을 통해 길 안내 음성을 제공하는 음성 합성(speech synthesis) 기술, 그리고 다양한 언어 간 번역을 지원하는 기계 번역(machine translation)은 이제 놀라운 기술이 아니다. 한편, 챗GPT와 같은 대화형 AI는 이전 발화 맥락을 이해하고 반응을 생성한다. 이는 사용자 명령의 단순한 이해를 넘어 실제 대화 상황에 실시간으로 반응하는 것이다. 그리고 협상 봇(negotiation bot)은 상대방 요구를 파악하고 설득이나 양보의 효과적인 대화 전략을 구사하기도 한다. 이 책의 집필은 자연 언어를 언어 자체에 대한 미시적 관점에서 이해하는 것을 넘어서 AI와의 관련성을 통해 바라보는 통합적 통찰과 시각이 필요하다는 문제의식에서 출발했다. 이제 자연 언어를 AI와 접목한 활용 기술과 사례에 대한 이해와 평가는 더는 전문가만의 영역이 아니다. 물론 가까운 미래에 AI 기술이 인간의 모든 활동을 완전히 대체할 수 없을 것이라는 점에서 우리는 안도할 수 있다. 하지만 미래에는 AI에 대한 이해와 활용 능력이 중요한 경쟁력이 될 것임(김태원, 2023, 9쪽)은 분명하다.

아울러 이 책의 집필은 AI와 자연어 처리 기술이 '언어 능력'뿐만 아니라 '언어 수행'의 본질적 측면에 어떤 영향을 미치고 있는지를 탐구하는 데에도 목적이 있다. 자연 언어는 인간의 고유한 특성이자, 세계와 소통하는 가장 강력한 도구다. 무엇보다 정상적인 언어 구사에는 고도의 지적 능력, 지능이 필요하다. 지능은 언어를 학습·기억하고, 복잡한 언어 구조를 이해하며 실제 사용하는 데에 기초적 역할을 한다. 게다가 노엄 촘스키(Noam Chomsky)가 제시한 '언어 능력'과 '언어 수행'이 반드시 필요하다. 언어 능력은 언어에 관한 지식, 즉 언어 규칙을 이해하고 생성하는 능력으로, 학습된 것이 아니라 인간에게 내재된 능력이다. 언어 수행은 실제 언어 사용 상황 시 나타나는 구체적 행위로, 언어 능력이 실제로 어떻게 발현되는지를 반영한다. 인간은 언어 능력을 기초로 언어를 자유로이 구사하지만, 실제 언어 사용 상황에는 다양한 외부 요인과 제약으로 때로는 오류와 실수, 불완전성을 포함하게 된다. 따라서 언어 능력이 아무리 뛰어나도 언어 수행이 제대로 이루어지지 않으면 적절한 소통이 어려울 수 있다.

그런데 현재 AI는 이러한 언어 수행을 점점 더 이해하여 재현하고 있다. AI가 단순히 자연 언어를 분석하는 도구를 넘어서 인간과의 깊은 소통을 위해 학습하며, 심지어 인간 언어의 오류와 불완전성까지 이해하는 존재가 되어 가고 있다는 생각에 이르렀다.

자연어 처리의 미래: AI가 자연 언어의 복잡성을 이해하기까지

이 책에서는 언어 연구의 주요 연구 대상(영역) 중 몇 가지를 선정해, 이들 영역에 AI 기술이 어떻게 접목되어 활용되고 있는지 탐색하고자 했다. 자연 언어를 과학적(객관적 · 계량적 · 실증적 등) 방법으로 연구하는 분야인 언어학은 이론 언어학과 응용 언어학으로 나뉜다. 이론 언어학은 음성과 음운, 단어 구조와 형태, 문장 구조와 문법 관계, 의미, 언어 사용과 문맥 등을 다룬다. 한편, 응용 언어학은 언어 이론을 실제 상황에 적용하여, 언어 변이, 통 · 번역, 언어 습득, 외국어 교육, 언어 장애와 치료, 말실수, 언어 정책, 그리고 두뇌, 심리, 마음과 언어의 통합적 관계 등을 연구한다.

『AI와 자연 언어』는 이론 언어학과 응용 언어학의 연구 대상에 근거하여 다음 주제들을 다루고자 했다. 첫째, AI 기술의 급속한 발전과 더불어, 그만큼 눈부신 발전이 기대되는 자연어 처리 분야를 선정했고, 자연어 처리 발전과 불가분의 관계에 있는 기계 번역과 감성 분석을 다루었다. 둘째, 인간이 자연 언어를 접하는 시점을 고려하여 언어 습득과 외국어 학습을 선정했고, 챗GPT가 의사소통의 네 가지 영역에서 미치는 영향력이 가장 두드러진 분야인 글쓰기를 살펴보았다. 최근 글쓰기는 특정 교과에 국한되지 않고 모든 교과(교육 과정 전체)에서 필요한 범교과적 쓰기(writing across the curriculum, WAC)를 지향한다. 이제 글쓰기는 학습자, 학교급, 전공에 상관없이 모든 학습자가 갖춰야 할 역량으로 인식되고 있다. 셋째, AI가 의사소통의 한계마저 뛰어넘고 있는 언어 장애 분야와, 아직은 활용 초기 단계이지만 의료 분야의 의료 언어에 활용되는 AI 기술 사례도 살펴보았다. 넷째, AI 활용과 관련된 시의성을 고려하여 그 중요성이 날로 강조되는 '주권 AI(sovereign AI)'와 지역어의 관계를 조명했고, AI가 불완전한 인간이 생성한 데이터를 기반으로 학습하기 때문에 피하기 어려운 AI 편향을 논의했다.

이러한 시도를 통해 자연 언어를 더욱 통합적인 시각에서 바라보고, 궁극적으로 인간 인지(cognition)에 대한 폭넓은 통찰을 얻고자 했다. 더 나아가 『AI와 자연 언어』는 AI가 언어 능력과 언어 수행에 어떻게 도전하고 있는지, 한계를 극복하려는 시도가 갖는 의미를 검토하고자 했다. 특히 AI와 언어 수행이 상호 작용하는 과정에서 무엇이 인간의 고유한 언어적 특성으로 남을지, 그리고 AI가 자연 언어의 복잡성을 얼마나 깊이 이해할 수 있을지 살펴볼 수 있을 것이다.

현재 AI와 자연어 처리 기술은 다양한 양상으로 구현되고 있지만 아직 인간의 언어를 완벽하게 이해하고 처리하지는 못한다. 실제 언어 수행에는 미묘한 뉘앙스(nuance), 중의적 표현, 문화적 맥락 등 다양한 변수가 포함되며 그 과정이 매우 복잡하기 때문이다. 가까운 미래에 AI와 인간 간에 더욱 유연한 소통이 이루어질 가능성은 기대할 수 있겠으나, 자연 언어의 풍부함과 다양성을 충분히 이해하고 처리하기 위한 기술적 여정은 계속 필요하다. 이는 단순한 기술적 성과를 넘어, 인간 지능과 자연 언어에 대한 더 깊이 있는 이해 확장으로 이어질 것이다.

AI의 역사와 현재: 튜링 테스트에서 챗GPT까지

AI는 컴퓨터 시스템이 인간의 지능적 행동을 모방 또는 수행하도록 설계된 기술과 알고리즘의 집합이다. 즉 인간의 학습 · 추론 · 지각 능력을 비롯하여, 자연 언어 이해 능력을 구현할 수 있는 지능을 컴퓨터 프로그램으로 실현한 기술이다.

'AI'는 영국의 수학자이자 논리학자인 앨런 튜링(Alan Turing)이 1950년 ≪마인드(Mind)≫에 발표한 논문 "컴퓨터와 지능(Computing Machinery and Intelligence)"을 통해 '기계가 사고할 수 있는가?(Can machines think?)', '지능이란 무엇인가?'와 같은 질문을 제기하며 등장했다. 이후 튜링 테스트(Turing test), 이미테이션 게임(imitation game)을 통해 AI의 가능성이 공식적으로 제기되었다. 튜링 테스트는 기계(컴퓨터)의 답변이 얼마나 인간다운지를 평가했다. 만일 사람이 자신과 이야기하는 상대가 인간인지 기계인지 구별할 수 없다면, '그 기계는 지능이 있다'고 이야기할 수 있을지가 쟁점이었다.

앨런 튜링 이전에는 기계(컴퓨터)가 인간처럼 지능을 가질 수 있고 이를 언어를 통해 테스트할 수 있다는 생각을 아무도 하지 못했다. 'AI'라는 용어는 튜링의 비극적 사망(1954년) 후 2년이 지난 1956년, 미국 다트머스대학(Dartmouth College)에 11명의 연구자가 모인 한 워크숍에서 컴퓨터 과학자 존 매카시(John McCarthy)가 공식적으로 처음 사용했다. 이 자리를 계기로 지능을 모방하는 컴퓨터 기술의 개발이 본격적으로 시작된다. 이처럼 AI 연구는 1950년대 튜링이 튜링 테스트를 개발하며 그 기초를 다졌으나, 곧 큰 도전에 직면한다. 1973년 첫 번째 인공지능 겨울(AI winter)이 찾아오며, AI 연구에 대한 관심과 재정적 지원이 급격히 줄어든다. 1980년대 AI에 대한 관심이 다시 살아나며 인공지능 붐(AI boom)이 일었지만 오래가지 못했고, 1988년 두 번째 인공지능 겨울이 도래하며 AI 연구는 다시 한번 침체기에 들어간다. 이후 2012년에 딥러닝의 혁명이 시작되며 AI 연구는 새로운 전환점을 맞이한다. 특히 2022년 11월 30일 챗GPT(GPT 3.5)의 공개는 또 한 번 큰 변화를 예고했다. 최근의 AI는 딥러닝 알고리즘 개발의 영향으로, 물체 인식, 언어 인식과 생성, 감성 인식 등 다양한 분야에서 눈부신 발전을 거듭하고 있다.

데이터, 상호 작용, 인간과의 협업

AI 기술의 발전을 위해 고려해야 할 요소가 있다.

첫째, AI 학습용 '데이터의 양과 질'이 매우 중요하다. AI 모델이 다양한 사용자와 실세계의 복잡한 상황을 충분히 이해하고 대응하기 위해서는 대규모 데이터 세트(data set)가 필요하다. 데이터가 많을수록 모델은 다양한 시나리오와 상황에 대해 학습하여 폭넓은 언어 패턴과 특성을 포괄할 수 있다. 이로 인해 실세계의 복잡한 환경에서도 우수한 성능을 발휘할 수 있다. 또한, 데이터의 질은 AI 모델의 예측 정확도와 신뢰성을 결정하는 중요한 요소다. 고품질의 데이터는 모델이 잘못된 정보를 학습하지 않도록 하고, 정확한 자연어 처리 기술 개발에 필수적이다.

둘째, 인간과 AI 간의 원활한 '상호 작용'이 더 중요해지고 있다. 상호 작용의 질은 AI가 사용자 요구에 얼마나 효과적으로 대응하고 지원하는지, 그리고 사용자 경험을 얼마나 향상시킬 수 있는지를 좌우한다. 상호 작용의 질이란 AI가 단순히 반응하는 수준을 넘어, 사용자 필요에 맞춰 적절하고 유의미하게 상호 작용하며, 필요한 도움을 적시에 제공할 수 있는 능력을 의미한다. 이 상호 작용을 통해 AI는 학습자의 자기 주도적 학습을 지원하고, 유아의 다양한 발달 촉진이 가능한 환경을 제공할 수 있으며, 언어와 인지 발달에 어려움을 겪고 있는 장애인에게는 유용한 보조 수단이 된다. 결과적으로 학습자나 사용자 개개인의 필요와 상황에 맞춘 최적의 지원이 이루어질 수 있다.

셋째, 다양한 형태로 구현되고 있는 AI 기술의 활용에서 'AI와 인간과의 협업'은 필수적이다. 이를 통해 AI의 의사 결정에 경도되지 않고 AI의 잠재적 편향 문제를 완화하며, 인간 고유의 판단력과 결합하여 더욱 균형 잡힌 결과를 도출할 수 있다. AI는 대규모 데이터 분석이나 반복적 업무 수행에서는 뛰어나지만, 인간의 경험과 직관, 윤리적 판단은 여전히 AI가 따라 할 수 없는 중요한 가치다. 인간과 AI가 상호 보완적 역할을 할 때, 최적의 성과를 산출할 수 있는 다양한 가능성이 열린다. 가령 통·번역 분야는 이미 인간 통·번역가와 AI가 협업하기 시작했다. AI가 번역 초안을 생성하면, 이를 기초로 인간 번역가는 포스트에디팅(post-editing)을 통해 번역 속도와 정확성을 높인다.

이 책의 구성

이 책은 모두 10개의 장으로 구성된다. 각 장의 주제와 밀접한 관련이 있는 국내 최신 연구를 탐색하여 연구 동향과 성과, 그리고 도전 과제를 간략히 설명했다. 해외 유관 연구도 일부 탐색했다. 아울러 개별 주제에 대한 저자의 향후 전망을 제시하여, 독자의 이해를 돕고자 했다.

이 책은 AI 기술과 자연 언어의 관계, 자연 언어를 기반으로 개발된 AI 기술의 활용 사례에 관심이 있는 일반

인은 물론이고, AI와 자연 언어의 융합에 대한 간결한 통찰을 얻고자 하는 대학원생, 그리고 AI와 언어 처리 기술에 대한 기초 지식을 쌓고자 하는 대학생에게도 유용할 것이다. 각 장의 내용을 간략하게 소개하면 다음과 같다.

1장에서는 기계가 인간의 언어를 배우고 생성하는 자연어 처리 기술의 과거와 현재를 소개하고, 인간은 쉽게 이해하는 간단한 문장도 컴퓨터 시스템의 이해와 처리에는 복잡한 과정이 필요함을 설명한다. 자연어 처리는 언어 처리 기술과 음성 처리 기술로 나뉘는데, 이들 기술의 활용 분야와 한계, 발전 가능성을 논의한다.

2장에서는 유아 언어 발달의 결정적 시기와 언어 접촉의 중요성을 소개하고, 유아의 언어 습득을 돕기 위해 활용되는 AI 기술의 사례와 효과, 한계와 향후 선망을 살펴본다. AI 스피커와 AI 로봇은 유아와의 즉각적 상호 작용을 통해 발화 능력과 이해력 향상에 유용하다. 향후 이들 기술의 활용 가능성은 더 커질 전망이지만, 극복해야 할 기술적 · 윤리적 도전이 있음을 강조한다.

3장에서는 챗GPT를 활용한 글쓰기와 그 효과를 소개한다. 챗GPT를 활용한 글쓰기의 강점과 약점, 기회와 위협을 균형 있게 고려해야 하며, 글쓰기 각 단계에서 챗

GPT를 어떻게 활용할 수 있을지 살펴본다. 무엇보다 챗GPT를 활용한 글쓰기 과정에 뒤따르는 주요 윤리적 문제가 해결되어야 함을 지적한다.

4장에서는 전통적인 외국어 교육이 학습자 특성과 개인차를 고려하기 어려웠던 점과 달리, AI 기술이 개인화된 외국어 학습 경험을 제공할 수 있음을 다룬다. 챗봇(chatbot), AI 스피커, 챗GPT와 같은 AI 기반 학습 도구의 효과를 소개하고, 더 효과적인 활용을 위한 도전 과제도 제시한다. 외국어 학습에 AI 기술의 활용이 가속화될 것으로 예상되지만, 이에 따라 교수자의 역할과 스캐폴딩(scaffolding) 전략 제공도 필수적임을 강조한다.

5장에서는 AI를 활용한 언어 장애 지원 방안과 그 효과를 살펴보고, 한계와 향후 전망을 조망한다. 청각 장애, 지체 장애, 자폐성 장애 등 언어 장애를 동반하는 장애인을 위해 개발된 AI 기술 사례를 소개하며, 음성 인식과 지속적 대화 기술의 발전 필요성을 강조한다.

6장에서는 기계 번역이 규칙, 통계, 신경망 기반으로 발전해 왔음을 설명하고, 최근에는 음성 인식과 음성 합성 기술이 접목되어 기계 번역의 정확도와 품질이 향상되었음을 소개한다. 또한, 기계 번역의 난제와 한계를 살펴보고, 이를 개선하기 위한 최근의 포스트에디팅 방법을 언급한다. 가까운 미래에 의사소통 장벽이 점차 사라질 것으로 예상되지만, AI 기반 기계 번역이 정교해질수록 인간 통·번역 분야는 더 전문화되며 직업적 역할이 더욱 분명해질 것으로 전망된다.

7장에서는 글쓴이의 의견, 감정을 분류·분석하는 기술인 감성 분석을 다룬다. 감성 분석은 사전 기반 기법과 기계 학습 기반 기법으로 수행된다. 이 기술은 마케팅, 여론 분석 등 다양한 분야에 활발히 활용되고 있고, 향후 전망 또한 밝다. 하지만 다의어, 문맥, 개별어 특성을 고려한 더 정교한 분석 기술의 발전이 필요하다.

8장에서는 인간의 편향된 판단으로 인지 편향이 나타나듯이, AI도 편향된 데이터와 알고리즘으로 AI 편향이 나타날 수밖에 없음을 설명한다. 인지 편향과 인지 편향이 언어 표현에 반영된 사례를 소개하고, AI에서 발생하는 데이터 편향과 알고리즘 편향을 살펴본다. 아울러 AI 편향을 최소화할 수 있는 방안들도 함께 논의한다.

9장에서는 AI가 의료 진단 지원부터 비대면 상담까지 의료 분야에서 활용되는 사례를 다룬다. 이러한 AI 기술은 환자와 의료진 간의 의료 커뮤니케이션을 기반으로 하며, 의료 서비스 제공을 목적으로 한다. 아울러 AI 기반 심리 상담 사례와 효과, 그리고 소셜 로봇(social robot)의 활용 가능성도 언급한다. AI 기술은 의료 분야에서 높은 활용 잠재력을 지니지만, 환자 맞춤형 치료를 위해 데이터 관리, 윤리, 기술적 보완, 신뢰 구축 등의 과제가 여전히 중요하다.

10장에서는 지역어를 이해하는 AI 기술을 소개한다. 이는 지역어가 동일한 지역어 사용자 간의 친밀감과 유대감을 강화한다는 점에 착안한 기술로, 최근 음성 인식, 기계 번역, 자연어 처리 기술에 적극적으로 활용되고 있다. 특히 지역어 기반 AI 기술이 주권 AI 강화에 기여할 수 있음을 강조한다. 그러나 다른 AI 기술과 마찬가지로, 데이터 확보와 복잡한 모델 관리 등 해결해야 할 과제들이 있음을 지적한다.

2022년 11월 챗GPT가 대중에 공개된 이후, 그리고 『AI와 자연 언어』가 완성된 2024년 12월 현재에도 AI는 계속 진화하고 있다. 이 책에서 다룬 10가지 영역이 2~3년쯤 후에는 어떻게 변모해 있을지 기대가 크다. 그리고 그 시점에 AI와 자연어 처리 기술의 새로운 발전 속도와 양상을 다시 한번 심도 있게 고찰할 수 있기를 바란다.

현재, 우리 모두 진화 중인 AI와 함께 변혁의 시간을 살고 있다. 각자의 필요와 분야에 따라 자연어 처리와 AI에 대한 활용과 이해가 깊어졌으면 한다. 이 책이 그러한 여정에 새로운 통찰의 계기를 제공할 수 있기를 기대한다.

참고문헌

김태원(2023). 챗GPT가 촉발한 생성형 AI 시대, 미래 모습과 대응 방안. ≪Future Horizon≫, 55, 2-9쪽.

옥성수·김수연(2024). 인공지능 학습을 위한 중노년층 방언 음성 데이터 구축 전략 및 분석. ≪언어학≫, 32(1), 1-19쪽.

유구종·윤여진(2023). 알파미니 AI로봇을 활용한 통합놀이가 유아의 언어표현력에 미치는 효과 및 교육적 의미. ≪열린유아교육연구≫, 28(3), 105-134쪽.

황순희(2023). 공과대학 신입생의 글쓰기 수업에서 ChatGPT 활용과 시사점. ≪한국공학교육학회 2023년 학술대회 발표논문집≫ (107쪽).

ISO(*n.d.*). Artificial intelligence: What it is, how it works and why it matters. https://www.iso.org/artificial-intelligence

01
자연어 처리와 AI

인간의 언어, 자연 언어는 다양하게 정의될 수 있다. 그중 '정교한 규칙들의 집합', 그리고 '유한한 규칙으로 무한한 문장을 생성할 수 있는 규칙'으로 정의될 수 있다. 이들 규칙은 단순한 문법 체계를 넘어선다. 언어는 문맥에 따른 의미 변화, 상황에 따라 상이한 해석이 가능한 체계다. 이러한 복잡성은 기계가 자연 언어를 이해하고 생성하는 과정을 더욱 어렵게 만든다. 자연어 처리는 AI 기술의 발전과 함께 급속히 진화하고 있으나, 언어 복잡성의 충분한 이해와 처리를 위해 많은 과제가 남아 있다.

AI와 1인 창업?

기계가 인간의 언어를 배우다

자연어 처리(natural language processing, NLP)는 인간 언어를 기계(컴퓨터)가 이해하고 생성하도록 다양한 방법을 통해 기계적 형태로 변환하고 해석하는 기술(NIST)로, AI 기술의 핵심 분야 중 하나다.

자연 언어는 인공 언어(artificial language)에 대립하는 개념으로, 인간이 일상에서 사용하는 언어를 뜻한다. 자연어 처리는 데이터 형태가 매우 다양하고 복잡하며 변동성이 크기 때문에 AI 기술 중 가장 복잡한 분야의 하나로 꼽힌다.

지구상의 다양한 언어를 기계가 이해하고 생성하려면 개별 언어별로 어휘 · 문법 · 문맥을 고려한 의미와 다양한 조합에 따라 생성되는 서로 다른 의미, 그리고 문맥 등에 대한 방대한 데이터베이스(database)가 필요하고, 이 데이터를 기반으로 학습하여 최적화된 자연어 처리 알고리즘이 필요하다.

자연어 처리의 과거와 현재

오랫동안 컴퓨터에는 지적 능력(지능)이 없기 때문에 인간처럼 언어를 이해하고 생성하는 것이 불가능하다고 여겨졌다.

대표적 사례로 1966년, ALPAC(Automatic Language Processing Advisory Committee) 보고서는 기계 번역(machine translation, MT)의 효용성을 평가한 미국 과학자문위원회 보고서로, 기계 번역의 한계와 문제점을 지적한 것으로 유명하다. 이 보고서는 당시 기계 번역 기술이 매우 초보적이어서, 실질적 성과 산출에 상당한 기술적 발전이 필요하다고 보았다. 따라서 기계 번역 대신에 자동 텍스트 처리, 용어 색인화, 텍스트 검색 등의 분야에 더욱 집중할 것을 주장했다. 이를 계기로 미국 정부가 기계 번역 연구 · 지원을 축소하며, 이후 자연어 처리 분야는 통계적 방법과 AI 연구로 방향을 전환하게 된다.

1980년대 들어 컴퓨터 하드웨어 · 소프트웨어의 발전으로 AI 연구는 활기를 띠기 시작했고, 무제한에 가까운 컴퓨터 기억 용량, 빠른 검색 속도를 활용하여 자연어 처리 연구는 본격적인 성장을 이루기 시작했다. 1990년대에는 대용량 말뭉치(corpus)와 컴퓨터의 저장 · 처리 능력이 결합되면서, 언어를 분석하고 처리하려는 다양한 시도가 이루어졌다. 또한, 통계적 이론을 바탕으로 한 학습 이론(신경망, 은닉 마르코프 모델, 베이지안 네트워크 등)이 주목받았고, 이를 통해 자연어 처리 기술의 실제 응용 가능성이 확대되었다. 이러한 통계적 접근은

품사 태깅(POS tagging)과 어휘 의미의 중의성 해소(word sense disambiguation) 등의 문제 해결에 기여했다. 2000년대에는 인터넷의 보편화와 다국어 처리의 필요성으로 인해 자연어 처리 기술의 중요성이 더욱 커졌다. 그리고 다국어 정보 검색 시스템과 기계 번역 시스템의 필요성이 증가했으며, 통계적 방법과 기계 학습(machine learning)을 결합한 접근법이 활성화되었다. 최근에는 딥러닝(deep learning)과 기계 학습의 발전으로 자연어 처리 분야 연구가 활발히 진행되고 있다.

특히 AI 기반 언어 모델은 문맥 이해와 뉘앙스 파악에서 괄목할 성과를 보이며, 생성형 AI와 멀티모달(multimodal) AI로 확장되고 있다. 초대규모 언어 모델은 정교한 문맥 해석과 상호작용을 가능케 하지만, 문화적 편향 제거, 윤리적 책임 강화, 언어 다양성 보존 등 새로운 과제도 제기한다. 이는 기술적 도전을 넘어 다학제적 접근이 필요한 영역으로 확대되고 있으며, AI의 신뢰성과 포용성을 높이는 협력이 중요해지고 있다.

자연어 처리의 복잡한 과정: 규칙에서 신경망까지

인간은 쉽게 이해할 수 있는 간단한 문장도 컴퓨터 시스템이 이해하고 처리하려면 그 과정이 매우 복잡하다.

가령 '그는 정말 따뜻한 사람이다'라는 문장을 컴퓨터 시스템이 이해·처리하려면 먼저 각 단어의 의미 파악을 위해 어휘 의미 지식이 필요하고, '그'가 이전 대화에서 이미 언급된 사람을 지칭한다는 화용적 지식이 필요하다. 또한, '따뜻한'은 물리적 온도가 아닌 '감정적으로 따뜻하다'는 추상적 의미와 관련이 있다는 의미 지식도 요구된다. 일반적 수준의 언어 능력을 갖춘 사람은 이미 내재된 언어 지식을 기초로 문장을 이해·산출하므로 어려움이 없다. 하지만 컴퓨터의 언어 처리에는 각각의 언어 지식을 컴퓨터 프로그램에 일일이 구현해야 처리할 수 있어서 복잡한 과정이 필요하다.

자연어 처리의 주요 방법으로 지식·규칙 기반 처리(1950년대~1990년대 초)와 데이터 기반의 통계적·확률적 처리(1990년대~2010년대)가 오랫동안 사용되었다. 최근에는 사전 학습된 대용량 언어모델 기반의 신경망 자연어 처리(neural NLP)(2010년대 이후)가 활용되고 있다.

자연어 처리는 다루는 주제에 따라서 자연어 이해(natural language understanding, NLU)와 자연어 생성(natural language generation, NLG)으로 나뉜다. 자연

어 이해는 주어진 텍스트의 문법과 문맥을 고려하여 텍스트에서 의미를 추출하는 기술로, 감성 분석(예: 트윗에서 긍정적 또는 부정적 감정 판별), 의미론적 구문 분석(예: 문장에서 주어와 목적어 관계 파악), 주제 분류(예: 뉴스 기사를 정치, 경제, 스포츠 등으로 분류) 등에 활용된다. 한편, 자연어 생성은 주어진 의미를 기반으로 텍스트를 생성하는 기술로, 문장 생성[예: 챗봇(chatbot)의 사용자 질문에 대한 답변 생성], 이미지 캡션 생성(예: 이미지에 적합한 설명 텍스트 작성) 등에 사용된다.

이처럼 자연어 이해 기술은 텍스트를 해석하여 의도를 파악하는 데에 중점을 두며, 우리 주변에서 흔히 접할 수 있는 오탈자 검사기, 맞춤법 검사기, 띄어쓰기 검사기, 문법 교정기, 음성 인식 등은 자연어 이해 기술이 구현된 사례로 볼 수 있다. 한편, 자연어 생성 기술은 주어진 정보 또는 구조를 기초로 텍스트 생성에 중점을 두며, 음성 합성, 요약(봇) 등이 자연어 생성 기술의 구현 사례다. 그리고 시스템이 텍스트나 음성을 이해 · 해석한 후, 이를 기초로 자연스러운 답변과 출력을 생성해 내는 대화 시스템, 기계 번역, 질의 응답 시스템 등은 자연어 이해와 생성 기술이 모두 구현된 사례다.

음성 처리 기술: 소음, 개인화, 자연스러움을 넘어서

자연어 처리는 글(text)을 분석해 사용자 요구에 맞게 다양한 방식으로 변환하는 언어 처리 기술과 음성 언어를 이해 · 처리하는 음성 처리 기술로 나뉜다.

음성 처리 기술은 다시 음성 인식, 음성 합성, 화자 인식 기술로 나뉜다. 음성 인식은 음성 신호를 분석해 텍스트로 변환하거나 명령을 인식해 작업을 수행하도록 구현하는 기술(speech-to-text, STT)이며, 음성 합성은 발화 내용(텍스트)을 자연스러운 음성으로 변환 · 재현해내는 기술(text-to-speech, TTS)이다. 화자 인식은 특정인 음성의 고유한 특징(예: 음색, 발음 등)을 분석해 특정 화자를 식별하는 기술이다. 홍채 인식과 같이 보안 목적으로 활용되며, 등록된 사용자 여부 확인에 활용된다.

음성 인식 기술의 효과적 활용을 위해 해결해야 할 도전 과제가 있다.

첫째, 소음 · 잡음과 음성을 분리하는 기술이 필요하다. 음성 인식 기술은 조용한 환경에서는 효과적으로 작동되지만, 다양한 환경(예: 여러 사람이 동시에 대화하거나 잡음이 많은 환경)에서 발생하는 소음으로 인해 정확도가 낮아질 수 있다. 이 현상은 1953년 콜린 체리

(Colin Cherry)가 명명한 '칵테일 파티 효과(cocktail party effect)'로 흔히 설명되곤 한다. 여러 사람이 동시에 대화하여 주변 소음이 커져도 인간은 특정 대화에 집중할 수 있고, 주의의 선택적 분배와 필요한 음성 정보의 선별이 가능하다. 하지만 음성 인식 시스템은 실제 음파에서 소음과 잡음을 걸러 내고 필요한 음성 정보를 정확히 분리해 내는 것이 어렵다. 따라서 유관 기술 개발이 지속되어야 한다.

둘째, 음성 인식 시스템은 개인 음성 변화와 개성에 대한 민감성이 부족하다. 가령 음성 인식 시스템은 성별 · 사투리 · 억양 등 다양한 음성 특성에 민감하게 반응하기 어렵고, 발음의 차이, 혀가 짧거나 입을 제대로 벌리지 않은 발음의 경우도 인식률이 떨어진다. 따라서 개인화된 모델 학습이 중요하다.

셋째, 자연스러운 발화에는 단어 경계가 명확하지 않을 수 있다. 사람들은 말할 때, 음소나 음절을 정확히 구분하지 않거나, 특정 소리가 생략 · 융합되는 경우가 많다. 반면, 음성 인식 시스템이 생략 또는 탈락된 소리를 추정하는 데에는 한계가 있으므로 자연스러운 단어 경계 인식 기술도 필요하다.

음성 합성 기술 구현에도 어려움이 있다. 특히 인간이

말할 때의 자연스러운 특성이 고려되어야 한다.

첫째, 연음 현상(liaison effects)이 고려되어야 한다. 자연스러운 발화에는 음절 간 소리가 연결되는 연속적 소리 전이, 즉 연음 현상이 발생한다. 따라서 음성 합성 시스템은 문장 구조와 음소 간의 연속성을 분석하여, 연음 현상을 모델링하고 이를 자연스럽게 구현해야 한다.

둘째, 발화자의 개별적 음성 특성을 반영해야 한다. 발화자의 발음, 억양, 어투, 성별, 연령, 감정 상태, 사투리 등 다양한 특성에 따라 동일한 단어 · 문장이라도 다르게 발음되며 의미가 달라질 수 있다. 이에 발화자의 개별적 음성 특성과 상황에 맞는 다양한 발화를 생성하고, 그에 따른 음성 변화를 모델링할 수 있어야 한다.

셋째, 고급 음향적 지식이 필요하다. 자연스러운 음성 합성을 위해 음소 · 분절음이 기본적인 음성적 속성뿐만 아니라, 문맥 · 어조 · 감정과 같은 상위 수준의 담화적 요소도 고려해야 한다. 이러한 요소들이 통합적으로 반영될 때, 음성 합성 시스템은 사람처럼 자연스러운 발화를 생성할 수 있다.

참고문헌

강범모(2020). 『언어: 풀어 쓴 언어학 개론』(개정4판). 한국문화사.

류법모(2020). 한통이: 자연언어처리 기반 다국어 어휘대역 서비스. ≪코기토≫, 91, 51-81쪽.

쉽게 배우는 인공지능: 제2편(기계번역 및 챗봇 기술). http://sigai.or.kr/workshop/AI-for-everyone/2017/

한국정보과학회·언어공학연구회(2018). 『2018 자연언어처리 튜토리얼 발표자료집』. http://www.hclt.kr/symp/?lnb=tutorial

ISO(*n.d.*). Artificial intelligence: What it is, how it works and why it matters. https://www.iso.org/artificial-intelligence

Natural Language Processing. https://www.nist.gov/natural-language-processing

02

언어 습득과 AI

유아의 언어 습득은 만 4세까지 급속히 발달한다. 언어 보편적으로 언어 습득에 효과적인 결정적 시기가 존재하고, 이 시기에 충분한 언어 자극이 주어지지 않으면 모글리 현상(Mowgli syndrome)이 나타나기도 한다. 결정적 시기에는 특정인(대개 주 양육자)에 대한 심리적 · 정서적 유대감인 애착이 반드시 동반되어야 한다. 최근 AI 기술은 유아의 언어 발달을 지원하며, 이를 촉진할 새로운 기회 제공의 도구로 주목받고 있다.

AI와 MBTI?

언어 발달의 결정적 시기와 언어 접촉

결정적 시기(critical age)는 유아의 언어 능력 형성에서 중요한 시기다.

결정적 시기–출생 직후부터 사춘기 초반까지–는 두뇌의 가소성(brain plasticity/neuroplasticity)과 관련이 깊다. 즉 두뇌가 경험, 학습, 환경적 변화에 따라 구조적 또는 기능적으로 변화할 수 있음을 뜻한다. 따라서 결정적 시기는 두뇌의 다양한 부분이 서로 기능적 보완을 하거나 특정 기능이 재배치될 수 있는 과정에 있는 시기다. 이 시기에는 언어를 자연스럽게 배우고, 다양한 언어적 능력을 발달시킬 수 있다. 이때 무엇보다 효과적인 언어 경험과 접촉이 반드시 필요하다. 또한, 주로 주 양육자의 언어 입력(예: 사용 어휘의 수, 다양성)과 상호 작용도 언어 발달에 영향을 미친다.

'유아'를 뜻하는 영어 단어 infant는 라틴어 infans에서 유래했다. Infans는 'in-(없음)'과 'fans(말하는 자)'의 합성어로, '말할 수 없는'을 뜻한다. 고대 로마에서 infans는 실제로 언어 능력을 갖추지 않은 아기를 지칭하는 단어였고, 현대 영어 단어 'infant'의 어원이 되었다. 오늘날, 영어에서 'infant'는 주로 생후 수개월부터 약 두 살까지의 아기를 가리킨다. 이 시기를 포함하여 만 4세까지는 유아의 언어 표현 발달이 급속하게 이루어진다(유구종 · 윤여진, 2023, 107쪽).

언어 발달, 이제는 AI와 함께

최근 AI 기술은 유아의 놀이, 생활, 하습 전반은 물론이고 언어 습득에 영향을 미치기 시작했다.

영 · 유아의 발달과 교육에 AI를 활용하면, 사회적 상호 작용 향상, 창의적 문제 해결 능력 강화, 논리 · 수학적 지식 강화 등의 다양한 긍정적 효과가 있다(유구종 · 윤여진, 2023; 이재은 · 오세경, 2021; Vartiainen et al., 2020). AI 기술과 그 영향력이 전 세계적으로 모든 분야에 확산되면서, 미국 · 중국을 비롯한 여러 국가는 유아의 AI 교육을 강화하고 있다. 한국 교육부도 유아기부터 놀이 맥락에서 AI 기술을 경험할 수 있도록 하는 AI 교육 정책을 발표했다. 이에 유아의 언어 발달 촉진을 위해서, 서울 · 경기 · 대전 등 다양한 지역의 어린이집, 영 · 유아 보육 교육 기관에 AI 로봇 대여 서비스가 제공되고, 활용 사례가 증가했다.

유아, 아동들은 AI 스피커와 대화하고, AI 기술로 아동의 학습 상황을 분석하여 맞춤형 콘텐츠를 제공하는 교육 서비스를 경험할 수 있게 되었다. AI 스피커는 음성

만으로 일상생활에서 인간과 상호 작용할 수 있고 사용자 발화에 즉각적으로 반응하여 피드백(feedback)한다는 장점이 있다. 또한, 이들 기기는 특별한 기술이나 사용법을 몰라도 조작과 사용이 편리하여 유아, 노년층, 장애군 등 다양한 연령대와 사용자 그룹에게 효과적이다.

언어 습득을 돕는 AI 스피커와 AI 로봇

AI 스피커와 AI 로봇(robot)은 상호 작용을 통해 유아의 발화 능력과 이해력 향상에 기여할 수 있다.

첫째, AI 스피커는 유아의 언어 표현력 향상에 긍정적인 영향을 미친다. AI 스피커는 인간의 음성을 인식하여 정보 검색, 음악 재생 등 다양한 기능을 수행하는 기술이다. 빅 데이터와 인터넷 연결을 통해 음성을 명령어로 받아들여, 인간과 상호 작용할 수 있다. 또한, 다양한 콘텐츠의 활용뿐만 아니라 사용자와 정서적인 대화도 가능하다.

실제로 AI 스피커는 음성 언어만으로 사용할 수 있어 기술적 사용이 어려운 유아들도 즐겨 사용한다. 유아는 AI 스피커와의 상호 작용을 통해 발화 기회를 얻고, 이 과정에서 언어 표현 능력이 향상된다(이재은 · 오세경, 2021). 또한, 유아들은 AI 스피커에 탑재된 동화를 들을 때 더 큰 흥미를 느끼며 이야기 이해 수행력도 향상되어, 자연스러운 학습의 기회를 갖는다. 다소 소극적인 유아의 경우에도 AI 스피커와의 상호 작용은 심리적인 부담감을 줄이고 자발적으로 대화에 참여할 수 있게 도움을 준다. 이는 유아가 AI 시스템이 자신의 말을 이해한다고 무의식적으로 의인화하는 일라이자 효과(Eliza effect)와도 관련이 있다. 결과적으로 발화(산출)와 이해(수용)를 포함한 언어 발달에 도움이 된다. 현재 유아와 AI 스피커 간의 언어적 상호 작용에 대한 국내 연구는 충분치 않지만, AI와의 상호 작용이 언어 발달에 기여한다고 보기에 무리는 없다.

둘째, 만 4세까지 급속히 이루어지는 유아의 언어 표현 발달 촉진을 위해 AI 로봇이 활용될 수 있다. AI 로봇은 유아가 물리적으로 직접 접촉하며 상호 작용할 수 있으므로 언어 발달 측면에서 AI 스피커보다 효과적일 수 있다. 로봇은 물리적으로 구현된 AI로, 유아와 직접 상호 작용할 수 있고, 유아 자신의 행위를 통해 로봇의 움직임을 만들어 내며 이를 직관적으로 관찰할 수 있다. 외형 또한 인간을 닮아 친근감이 높고, 자연스러운 대화와 감정 표현도 가능해 유아와의 친밀감 형성에도 효과적이다. 국내에는 2009년 이후 유아 교육 선진화 사업의 일환으로 제니보, 아이로비와 같은 로봇이 유아 교육 현장에 보급되었다.

실제로 AI 로봇의 활용은 유아의 다양한 분야 지식과 정보 습득을 돕고, 놀이를 통해 창의적 문제 해결 능력, 협업 능력, 의사소통 능력 등 다양한 능력 향상에 기여할 수 있다. 더욱이 유아의 언어 이해력, 이야기 구성력, 읽기 능력, 읽기 이해도, 언어 표현력 등의 향상에 긍정적인 영향을 미친다(유구종 · 윤여진, 2023). 그리고 로봇의 얼굴 인식, 음성 인식, 센서 등을 통해 다양한 정보를 기초로 자연스러운 배움의 기회를 제공한다. AI 로봇과 유사한 맥락에서 스마트 토이(smart toy)도 유아의 언어 습득을 도울 수 있다.

AI와의 상호 작용, 한계와 도전 과제

언어 발달을 돕는 AI 기술의 활용 가능성은 커 보이지만, 기술적 · 윤리적 도전도 존재한다.

첫째, 유아가 AI 스피커와 원활한 상호 작용을 하려면 어휘를 분명히 발음하고 제대로 질문하는 능력이 필요하다. 음성 명령이 분명하지 않으면 명령 실행이 안 되거나 명령을 '이해하지 못했다'는 응답이 출력된다. 이 경우 AI와의 충분한 상호 작용을 기대하기 어렵다. 따라서

AI가 유아의 발음·질문을 제대로 이해할 수 있도록, 사용자 언어 수준에 맞는 표현을 이해하고 반응할 수 있는 더 발전된 음성 인식 기술이 필요하다. 또한, 유아 맞춤형 콘텐츠 개발도 필요하다. 현재 대부분의 AI 스피커가 인식하는 언어 수준은 일반 성인을 대상으로 설정되어 있다.

둘째, 유아는 흔히 상황과 문맥을 통해 언어를 습득하고 배운다. 하지만 AI 기술은 문맥에 대한 이해가 부족할 수 있으며, 이는 언어 습득의 자연스러운 진행을 방해할 수 있다. 따라서 다양한 상황과 맥락에서 도출한 고품질 데이터가 필요하다.

셋째, 유아의 언어 발달은 감정적 상호 작용 또는 비언어적 요소에 의존하는 경우가 많다. 반면, AI 기술은 이러한 요소의 이해 부족으로 적절히 반응하는 데에 한계가 있을 수 있다. 이에 AI가 사회적·정서적 요소를 통합하여 자연스러운 상호 작용을 제공하면 좋겠지만, 이는 큰 도전 과제다.

넷째, 유아의 언어 발달 수준과 속도에는 개인차가 존재한다. 하지만 현재 AI 기술은 유아의 필요와 다양한 발달 단계 특성을 고려한 개별화된 맞춤형 교육 제공에 한계가 있을 수 있다.

다섯째, 유아가 AI 스피커, 다양한 스마트 기기에 오래 노출될 경우 신체적 · 정서적 측면의 부정적 영향이 우려된다. 최근 영 · 유아가 미디어 기기에 노출되는 시기가 점점 빨라지고 있다. 영 · 유아의 스마트폰 최초 사용 · 노출 시기가 1~2세(12~24개월) 전후라는 보고(오주현 · 박용완, 2019)도 있다. 휴대전화를 포함한 미디어 기기의 영향에 관해 다양한 의견이 있지만, 미디어 기기는 일방향적이기 때문에 유아의 언어 · 인지 발달에 부정적 영향을 미친다(Zimmerman & Christakis, 2007)는 의견이 지배적이다. 이 점을 고려하여 AI 기반 기기 사용에 신중하게 접근할 필요가 있다.

여섯째, 유아와 AI의 상호 작용에서 윤리적 이슈를 고려해야 한다. 개인 정보 보호와 데이터 사용의 투명성 문제는 늘 제기될 수 있다. 이에 필요한 윤리적 · 법적 기준이 마련되어 개인 정보 보호와 데이터의 윤리적 사용을 보장하는 것이 중요하다.

참고문헌

박은혜 외(2021). 『유아와 함께 하는 인공지능교육』. 교육부. https://www.i-nuri.go.kr/main/board/view.do?menu_idx=193&manage_idx=74&board_idx=1599

배소영·정연구(2015). 미디어 이용은 영유아 언어발달을 촉진하는가?: 텔레비전, 스마트폰, 책 읽어 주기를 중심으로. ≪한국방송학보≫, 29(6), 67-93쪽.
오주현·박용완(2019). 영유아의 스마트 미디어 사용 실태 및 부모 인식 분석. ≪육아정책연구≫, 13(3), 3-26쪽.
유구종·윤여진(2023). 알파미니 AI로봇을 활용한 통합놀이가 유아의 언어표현력에 미치는 효과 및 교육적 의미. ≪열린유아교육연구≫, 28(3), 105-134쪽.
이재은·오세경(2021). 인공지능 스피커를 활용한 활동이 유아의 언어능력에 미치는 영향. ≪열린유아교육연구≫, 26(5), 185-208쪽.
채송화·박보람(2024). 미디어 이용과 5세의 언어 발달의 상관관계와 인공지능을 활용한 언어 발달 수준 예측 가능성. ≪한국엔터테인먼트산업학회논문지≫, 18(1), 83-91쪽.
황순희(2016). 한국어-프랑스어 이중언어 아동의 양국어 기반 동사 산출능력. ≪담화와 인지≫, 23(1), 251-277쪽.
황순희·최진남(2015). 한국어-프랑스어 이중언어 아동의 동사 표현 양상과 다양성 -동작 명명하기 과제를 중심으로-. ≪이중언어학≫, 58호, 169-195쪽.
Hinkley, T., et al.(2014), Early childhood electronic media use as a predictor of poorer well-being: A prospective cohort study. *JAMA pediatrics*, 168(5), pp.485-492.
Vartiainen, H., et al.(2020). Learning machine learning with very young children: Who is teaching whom?. *International journal of child-computer interaction*, 25. doi:10.1016/j.ijcci.2020.100182
Zimmerman, F. J., & Christakis, D. A.(2007). Associations between content types of early media exposure and subsequent attentional problems. *Pediatrics*, 120(5), pp.986-992.

03
글쓰기와 챗GPT

글쓰기는 목표 설정, 계획, 생성과 표현, 수정, 성찰이 요구되는 복잡하고 인지적 부담이 큰 활동으로, 자기 조절 행위의 일종이다. 읽기, 말하기, 듣기에 비해 쓰기는 챗GPT의 활용 가능성과 영향력이 훨씬 큰 영역이다. 챗GPT는 아이디어 발굴과 초안 작성에서 강점을 발휘하며, 반복 작업을 줄이고 새로운 사고를 자극할 가능성을 보여 준다. 그러나 기술적 한계와 윤리적 이슈를 해결하지 않고는 그 효과를 온전히 발휘하기 어렵다. 이제 챗GPT를 활용한 글쓰기는 내용 '생성'을 넘어, 비판적 검토와 신뢰성 '검증'이 관건이다.

AI와 난임 극복?

대화형 AI가 바꾸는 쓰기 수행

챗GPT(ChatGPT)는 대화 형식의 상호 작용을 기반으로 사용자 질문과 요구에 맞춤형 응답을 생성하며, 특히 사용자 질의에 매번 새로운 응답을 제공한다.

이는 단순 정보 검색과는 구별되는 정보 습득 패러다임의 변화를 의미하며, 다양한 학습과 교육에의 활용 가능성을 예고한다. 2022년 11월, 오픈 AI(OpenAI)가 GPT 3.5에 기반한 대화형 인공지능 챗봇 챗GPT를 공개한 이후 전 세계적인 화두가 되었다. 챗GPT는 초거대 언어 모델인 GPT(generative pre-trained transformer) 기반으로, 기계 학습을 통해 방대한 데이터를 사전 학습하여 인간처럼 의미 있는 텍스트를 생성할 수 있다.

특히 글쓰기 분야에 챗GPT의 활용은 큰 관심을 받고 있다. 챗GPT를 활용하면 문서 작성과 요약, 피드백(교정) 제공 · 번역, 논문 작성, 시 또는 소설 창작 등 다양한 쓰기 수행이 가능하다. 또한, 스타일 추천(예: 특정한 쓰기 스타일, 목적에 맞는 문장 구조, 어휘 선택 등 제안)도 가능하다. 최근 AI가 창작한 시집(슬릿스코프 · 카카오브레인, 2022)이 국내에 출판된 사례도 있다.

챗GPT를 활용한 글쓰기: 강점과 약점, 기회와 위협의 균형

챗GPT를 활용한 쓰기 수행에는 윤리적 이슈(ethical issues)와 관련된 우려가 여전히 존재한다.

실제로 챗GPT는 사실 관계가 충분히 확인되지 않은 내용을 그럴듯하게 제시하여 환각(hallucination)을 일으킬 수 있고, 제공된 답변에서 표절 여부를 판별하기 어려우며, 정확한 출처와 참고문헌을 제시하지 못한다. 그럼에도 언어 교육, 특히 쓰기 분야에서 챗GPT의 활용도는 상대적으로 높으며, 쓰기 수행에 획기적 변화를 일으킬 가능성은 부정하기 어렵다. 이는 챗GPT가 사용자와의 대화를 기반으로 상호 작용한다는 기술적 특성 때문에, 언어 학습과 대화 기반의 문제 해결 학습에 더욱 쉽게 적용될 수 있기 때문이다. 다수의 국내외 연구가 쓰기에서 챗GPT를 활용할 가능성과 그 효과를 긍정적으로 평가한다(정제영 외, 2023; Lund et al., 2023; Sallam, 2023; van Dis et al., 2023).

챗GPT에 대한 SWOT분석(Farrokhnia et al., 2023, pp.462-468)에 따르면, 강점으로 챗GPT는 정교한 자연어 모델을 사용해 타당한 답변을 생성하고, 실시간으로 맞춤형 응답을 제공하며 사용자 스스로 개선할 수 있도록 돕는다. 그러나 깊은 이해 부족, 응답 품질 평가의 어려움, 편견과 차별의 위험, 고차원적 사고 능력 저해는 약점으로 지적된다. 기회로 정보 접근성 향상과 개별화된 학습, 복잡한 학습 촉진이 있을 수 있지만, 맥락 이해 부족, 학업 진실성 위협, 교육에서의 차별 유지, 표절 문제, 고차원적 인지 능력 감소 등의 위협도 동반된다.

국내보다 해외에서 챗GPT를 쓰기 수행에 활용한 사례와 방법 개발, 그 효과에 대한 논의가 더 활발하다. 특히 범용 글쓰기보다 과학 글쓰기, 학술 글쓰기, 의학 글쓰기, 학술 출판 등과 같은 특정 분야 글쓰기에 챗GPT가 적극적으로 활용되고 있다(Lund et al., 2023; Sallam, 2023). 챗GPT를 의학 · 과학 글쓰기에 활용한 결과, 업무 속도 향상과 문서 작성 개선, 개요 작성, 선행 연구 분석과 해석에 효과적이며, 쓰기 동기와 쓰기 능력이 향상되었다(Biswas, 2023; Fitria, 2023; Hill-Yardin et al., 2023; Huang & Tan, 2023; Kumar, 2023; Salvagno et al., 2023). 반면, 저자권(authorship), 저작권(copyright), 표절(plagiarism)과 인용, 마태 효과(Mattew effect) 등과 같은 연구 윤리 문제에 대한 우려도 제기되고 있다. 이에 쓰기 분야 챗GPT의 활용에 유보적인 입장(Aczel & Wagenmakers, 2023)도 존재한다.

챗GPT와 함께하는 자기 조절 글쓰기

쓰기 수행에서 챗GPT는 아이디어 생성과 도출, 주요 핵심 파악, 작성, 수정 등의 쓰기 전 과정에 효과적인 스캐폴딩(scaffolding)을 제공할 수 있다.

스캐폴딩은 '임시 가설물'을 뜻하는 건축 분야 용어를 비유적으로 차용한 것으로, 교수자 또는 유능한 동료가 제공하는 일시적 도움, 지원을 뜻한다(Wood et al., 1976). 특히 학습자의 독립적 학습을 돕기 위해 설계된 '지원'의 단계적 제공을 강조한다. 글쓰기는 목표 지향적 · 전략적 행위로, 계획 · 내용 구상 · 내용 생성 · 수정의 연속적 과정을 거치는 복잡한 인지적 활동이다(Flower & Hayes, 1977). 무엇보다 글쓰기는 자신의 사고 과정을 계획 · 점검(모니터링) · 조절 · 평가 · 수정하는 일련의 자기 조절(self-regulated) 행위다(Graham & Harris, 1989). 효과적인 글쓰기 수행을 위해 쓰기 단계별로 적절한 자기 조절 쓰기 전략이 필요하다.

챗GPT는 쓰기 계획 단계에서 아이디어 생성을 지원하는 튜터(tutor), 개요 작성과 개선을 위한 평가자 역할을 할 수 있다.

또한, 챗GPT는 쓰기 표현 단계에서 초고(draft)에 대한 피드백을 제공하고, 무엇보다 다양한 관점을 제시할 수 있다. 이를 통해 학습자 스스로 보지 못했던 부분을 알게 되어, 자신의 글을 비판적으로 평가할 수 있게 된다. 특히 학습자가 자세한 피드백과 관점을 원한다면 더 구체적이며 정교한 추가 질문[프롬프트(prompt)]을, 한 번이 아닌 여러 차례 제기할수록 더욱 유의미한 피드백을 받을 수 있다. 하지만 요청에 의해서만 피드백이 제공되기 때문에 학습자의 주도성(agency)이 무엇보다 필요하다. 이러한 챗GPT의 응답 생성 능력은 학습자가 쓰기 주제와 쓰기 결과물에 대해 다양한 관점을 탐색할 수 있는 대화의 공간을 제공한다.

쓰기 수정 단계에서 챗GPT는 오류 수정에 매우 효과적이며, 특히 이 단계에서 유용한 도움을 제공한다. 챗GPT는 단어 선택, 맞춤법, 띄어쓰기, 문법 등 언어 관련 오류를 지적할 뿐만 아니라, 문장 구조와 내용 전반의 적절성 여부도 판단해 피드백을 제공한다. 이러한 특성은 언어(외국어) 학습과 교육에서 챗GPT의 더 큰 활용 가능성을 시사한다. 반면, 학습자가 새로운 글을 제출할 때마다 챗GPT는 이전과 다른 피드백을 제공할 수 있기 때문에, 다소 일관성이 떨어지는 피드백을 받을 수도 있다. 이는 결과적으로 학습자의 쓰기 수행에 혼란을 가중시킬 수 있다. 이에 교육 현장에서는 교수자의 시의적절한 교수 전략이 제공되어야 한다.

그리고 챗GPT와 주고받은 대화 내용, 시스템에 저장된 챗 기록(chat history) 등은 쓰기 성찰 단계에서 학습자 자신의 쓰기 수행과 과정 전반을 되돌아보는 데에 유용하다. 성찰은 학습자가 새로 습득한 정보를 장기 기억에 통합하는 데에 필수적인 과정이다. 따라서 챗GPT 시스템에 저장된 학습자와의 대화 기록은 단순한 쓰기 기록을 넘어, 향후 다양한 쓰기 수행에서 지식을 통합하고 결과물의 품질 향상에도 기여할 수 있다.

AI와 인간의 협업 글쓰기: 도전 과제와 가능성

챗GPT는 효과적인 글쓰기 수행에 유용하지만, 도전 과제가 해결되어야 한다.

첫째, 쓰기 수행에 챗GPT의 활용은 피할 수 없는 흐름이다. 쓰기 수행 환경이 급변하고 있기 때문이다. 이에 쓰기 윤리 문제가 심화되지 않도록 챗GPT 활용을 위한 구체적이고 정교한 지침과 더 명확한 윤리적 가이드라인이 마련되어야 한다. 또한, 지속적으로 정제되어야 한다.

둘째, 챗GPT는 지식과 창의력을 결합하여 더욱 빠르고 효율적인 쓰기 수행에 유의미한 도움을 제공할 수 있다. 특히 반복적이고 기계적인 작업 부담을 덜어 줄 수 있다. 하지만 창의적인 문서 작성이나 다양한 문맥 이해와 같은 복잡한 작업에는 한계가 있을 수 있다. 또한, 감성적 요소와 직관적 판단력을 대체하기에도 부족할 수 있다. 이를 개선하기 위해 챗GPT와 인간의 협업 강화 방안을 고려할 수 있다. 가령 챗GPT는 초안 작성이나 데이터 정리, 피드백 등에 활용하고, 구체적인 참고문헌 탐색과 인용, 최종 편집은 인간이 담당할 수 있다.

참고문헌

슬릿스코프·카카오브레인(2022). 『시를 쓰는 이유(인공지능 시집)』. 리멘워커.

정제영 외(2023). 『챗GPT 교육혁명: ChatGPT를 활용한 하이터치 하이테크 미래교육』. 포르체.

황순희(2023). 공과대학 신입생의 글쓰기 수업에서 ChatGPT 활용과 시사점. ≪한국공학교육학회 2023 공학교육학술대회 발표논문집≫(107쪽).

황순희(2023). 자기조절 쓰기전략 관련 국내 연구동향 분석. ≪교양교육연구≫, 17(1), 27-46쪽.

황순희(2024). 공과대학생의 자기조절학습전략이 쓰기효능감, 쓰기피드백인식, 학습실재감에 미치는 영향. ≪공학교육연구≫, 27(2), 13-24쪽.

Aczel, B., & Wagenmakers, E.(2023). Transparency guidance for ChatGPT usage in scientific writing. doi:10.31234/osf.io/b58ex

Anderson, S. S.(2023). "Places to stand": Multiple metaphors for framing ChatGPT's corpus. *Computers and composition*, 68. doi:10.1016/j.compcom.2023.102778

Biswas, S.(2023). Importance of chat GPT in Agriculture: According to chat GPT. doi:10.2139/ssrn.4405391

Farrokhnia, M., et al.(2024). A SWOT analysis of ChatGPT: Implications for educational practice and research. *Innovations in education and teaching international*, 61(3), pp.460-474.

Fitria, T. N.(2023, March). Artificial intelligence (AI) technology in OpenAI ChatGPT application: A review of ChatGPT in writing English essay. *ELT forum: Journal of English language teaching*, 12(1), pp. 44-58.

Flower, L. S., & Hayes, H. R.(1977). Problem-solving strategies and the writing process. *College English*, 39(4), pp.449-461.

Graham, S., & Harris, K. R.(1989). Components analysis of cognitive strategy instruction: Effects on learning disabled students' compositions and self-efficacy. *Journal of educational psychology*, 81(3), pp.353-361.

Hill-Yardin, E. L., et al.(2023). A Chat(GPT) about the future of scientific publishing. *Brain, behavior, and immunity*, 110, pp.152-154.

Huang, J., & Tan, M.(2023). The role of ChatGPT in scientific communication: Writing better scientific review articles. *American journal of cancer research*, 13(4), pp.1148-1154.

Kumar, A. H.(2023). Analysis of ChatGPT tool to assess the potential of its utility for academic writing in biomedical domain. *Biology, engineering, medicine and science reports*, 9(1), pp.24-30.

Lund, B. D., et al.(2023). ChatGPT and a new academic reality:

Artificial Intelligence-written research papers and the ethics of the large language models in scholarly publishing. *Journal of the association for information science and technology*, 74(5), pp.570-581.

Sallam, M.(2023, March). ChatGPT utility in healthcare education, research, and practice: Systematic review on the promising perspectives and valid concerns. *Healthcare*, 11(6). doi:10.3390/healthcare11060887

Salvagno, M., et al.(2023). Can artificial intelligence help for scientific writing?. *Critical care*, 27(1). doi:10.1186/s13054-023-04380-2

Su, Y., et al.(2023). Collaborating with ChatGPT in argumentative writing classrooms. *Assessing writing*, 57. doi:10.1016/j.asw.2023.100752

van Dis, E. A., et al.(2023). ChatGPT: Five priorities for research. *Nature*, 614(7947), pp.224-226.

Wood, D., et al.(1976). The role of tutoring in problem solving. *Journal of Child psychology and psychiatry*, 17(2), pp.89-100.

Yan, D.(2023). Impact of ChatGPT on learners in a L2 writing practicum: An exploratory investigation. *Education and Information Technologies*, 28(11), pp.1-25.

04
외국어 학습과 AI

외국어 학습과 교육에 말하는 로봇인 챗봇, AI 스피커와 챗GPT 등 다양한 AI 기술이 적극적으로 활용되고 있다. 이러한 기술은 학습자의 학습 경험을 개인화하고, 상호 작용의 질을 높이며, 전통적인 외국어 학습 방식을 보완한다. 특히, 발음 교정, 실시간 피드백, 맥락 이해를 통해 더 효율적이고 몰입감 있는 언어 학습 환경을 제공한다. 더불어 AI는 학습자 개개인의 수준과 목표에 맞춘 맞춤형 학습을 가능하게 하며, 새로운 언어 학습의 가능성을 열어 가고 있다.

AI와 사주?

개인화된 외국어 학습 경험을 제공하는 AI

전통적인 외국어 교육은 학습자 특성과 개인차를 충분히 고려하지 못했고, 동일한 자료와 내용, 방식으로 진행되기 때문에 맞춤형 교육을 제공하기 어려웠다.

최근 들어 외국어 교육과 학습에 AI 기술이 적극적으로 활용되며, 학습자 개인 맞춤형 학습이 가능해지기 시작했다(Zimmerman, 2018). AI 기반의 다양한 언어 학습 애플리케이션은 학습자의 학습 패턴과 학습 상황, 성과를 실시간으로 분석해 맞춤형 학습 경로와 자료를 제공하며, 학습자의 강점과 약점에 맞춘 효율적인 학습을 지원한다. 국내에서도 AI가 교수자 역할을 일부 대신하면서 이미 학습과 교수 활동을 보조하고 있다(홍수민 · 임철일, 2021).

AI 기반 외국어 학습의 효과

전통적인 외국어 교수법에 따르면 발음 · 문법 교정은 학습자가 스스로 점검하고, 교수자는 이에 대해 피드백을 제공하는 게 일반적이었다.

반면, AI 기반의 외국어 학습은 AI가 학습자 발음 분석을 통해 발음 교정을 돕고 피드백을 제공한다. 문법 교정은 자동으로 이루어지고, 학습자의 학습 패턴 분석을 통해 개인별 맞춤형 어휘, 문법 학습 경로를 제공한다. 외국어 학습에 챗봇, AI 스피커, 챗GPT가 주로 활용되고 있다. AI 기반 외국어 학습의 실제 사례를 보면 다음과 같다.

첫째, 외국어 쓰기와 말하기 교육과 학습에 챗봇의 국내 활용 사례가 늘고 있다. 외국어 학습 전용으로 개발된 EBS 펭톡을 비롯하여, 일상적 상호 작용이 가능한 소셜 챗봇(social chatbot)인 쿠키(Kuki)도 활용되었다. 챗봇 활용을 통해 외국어 학습의 불안 감소, 의사소통 능력 향상, 학습 동기 향상, 상호 작용 증대, 학습자 주도성 확보, 자기 주도적 학습 등의 다양한 긍정적 효과가 나타났다(신동광 외, 2023). 흥미로운 점은 동일한 정보, 내용이라도 검색 엔진을 통해 얻는 것보다, 챗봇과 실제 대화를 하듯이 상호 작용하여 얻은 정보가 기억 유지와 학습 성과 면에서 훨씬 효과적이라는 사실이다(Abbasi & Kazi, 2014). 이는 챗봇이 학습자의 필요에 즉각적 피드백과 맞춤형 지원을 제공하여, 내용 이해도 향상에 기여했기 때문이다.

둘째, 외국어 듣기와 말하기 교육에 AI 스피커의 활용은 매우 효과적이다. AI 스피커는 전통적인 교수자의 역할을 점차 대체하며, 실시간 피드백을 제공하고 학습자의 수준 · 능력 · 경험 · 배경에 따라 개인 맞춤형으로 학습 지원이 가능하다. 또한, 특별한 기술적 어려움 없이 조작이 간단하여 모든 학교급 학습자가 손쉽게 사용할 수 있다. AI 스피커 활용의 가장 큰 장점은 상호 작용을 통해 실제 발화 기회를 제공한다는 점이다. 이는 외국어 학습에서 원어민과의 소통 기회가 상대적으로 부족한 상황에서 중요한 대안이 될 수 있다. 실제로 AI 스피커는 반복적 상호 작용을 통해 학습자의 의사소통 능력과 의사소통 의지 향상, 외국어 학습자가 경험하는 의사소통 불안 감소에 기여한다(현주은 · 임희주, 2019). 아울러 원어민 교사의 부족과 비용 문제도 일정 부분 해결하며, 특히 교육 자원이 부족한 학교나 지역에서 더욱 유용하게 활용될 수 있다.

요약하면 챗봇과 AI 스피커는 외국어 말하기 교육에서 활용 가능성이 크다. 다만 챗봇과 AI 스피커는 대화 방식(텍스트 · 음성), 인터페이스와 활용 환경, 사용성과 피드백 방식, 학습의 유연성, 콘텐츠, 확장성 측면에서 다소 차이가 있으므로 사용 목적에 따라 선택이 달라질 수 있다.

셋째, 외국어 쓰기 교육에 챗GPT 활용은 매우 효과적이다. 챗GPT는 기본적으로 문법과 철자 오류 수정, 구문 구조 수정을 지원하고, 편집(edit: 문장을 길게 늘여 쓰기 또는 요약하기), 동일한 의미의 다른 단어나 표현으로 바꾸기(paraphrase), 다양한 표현 제안하기 등이 가능하다. 내용 전체 점검을 통해 글 전체 개선에도 효과적이며, 다양한 언어 간 번역도 가능하다. 기본적으로 챗GPT는 학습자 요구(질문)에 즉각적 피드백 제공과 맞춤형 학습을 통한 쓰기 동기 강화, 자기(조절 · 주도) 학습(self-learning) 향상에 기여할 수 있다(Gilson et al., 2023). 더 나아가 쓰기 효능감 향상, 쓰기 불안 감소와 실제 쓰기 능력 향상(Khan, 2023)도 기대할 수 있다.

그럼에도 외국어 교육을 비롯한 교육 현장에서 챗GPT의 활용에 대한 부정적 견해와 우려도 크다. 학습자의 비판적 사고력 · 창의력 향상에 방해가 된다는 시각 때문이다. 하지만 인터넷 환경만 갖춰지면 누구나 손쉽게 사용할 수 있는 첨단 기술을 무조건 금지하고 배제하는 것은 적절치 않다. 특히 챗GPT는 학습자와의 대화 맥락을 이해하고 사회적 대화를 나누는 능력도 뛰어나므로(신동광 외, 2023, 183쪽) 향후 교수 학습 보조 도구로서의 활용 가능성은 매우 크다.

AI를 활용한 외국어 학습: 혁신과 도전 과제

AI의 개인화된 외국어 학습에 한계가 있을 수 있다.

AI 기반의 학습 도구들은 기본적으로 개인 맞춤형 학습 경로를 제공하지만, 실제로 개인의 학습 양식, 학습 동기, 사회적 상호 작용 등을 충분히 반영하지 못할 수 있다. 즉 모든 학습자에게 효과적이지 않을 수 있음을 고려해야 한다.

듣기 · 말하기 교육에 AI 스피커를 활용하는 것과 관련하여, 다음의 내용을 고려해야 한다. 첫째, AI 스피커의 언어(외국어)는 원어민 수준의 언어다. 발화 속도가 빠르고, 어휘 · 문장 · 문법의 난도도 높은 편이다. 또한, 해당 언어 국가의 문화적 · 상황적 맥락에 대한 이해가 부족하면 학습이 어려울 수 있다. 따라서 해당 언어를 처음 학습하는 초급 학습자에게 AI 스피커는 적합하지 않을 수 있다. 둘째, 학습자와 AI의 대화가 지속되기 어려울 수 있다. 이 경우 대화 간 연속성이 떨어져 학습에 방해가 될 수 있다. 셋째, 학습자가 AI 스피커에게 오류를 발화할 경우 적절한 피드백을 제공받을 수 없다. 이는 자연스러운 학습을 방해한다. 이 문제를 해결하려면 교수자는 AI 스피커 활용과 관련된 시의적절한 스캐폴딩인 명시적 교정, 피드백을 반드시 제공해야 한다. 넷째, AI

스피커는 교실 상황 등 주변 소음으로 인해 음성 인식이 원활하지 않을 수 있다. 이 문제는 음성 인식 기술의 기술적 문제로, 소음 환경에서도 더 정확한 음성 인식이 가능한 기술 개발이 지속적으로 필요하다.

쓰기 교육에서 챗봇 · 챗GPT를 활용하는 것과 관련하여, 다음의 내용을 고려해야 한다. 첫째, 학습자가 작성한 글의 의미 · 의도 · 전체 문맥을 챗봇이나 챗GPT가 충분히 이해하지 못할 수 있다. 이를 위해 글 전체의 맥락 이해, 정확한 의미 분석이 가능하도록 챗봇 · 챗GPT의 알고리즘 개선이 필요하다. 둘째, 챗봇 · 챗GPT가 제공하는 피드백의 질이 문제가 될 수 있다. 만일 피드백이 학습자 맞춤형의 구체적 피드백이 아닌 표면적 · 일반적 피드백이라면, 학습 성과 향상에 도움이 되지 못한다. 이를 개선하기 위해 개별 학습자의 오류 패턴 인식, 학습 데이터 분석, 더 구체적이며 맞춤형 피드백 제공이 가능한 기능 개발이 필요하다.

AI가 교수자를 완전히 대체할 수 있을까?

그렇지 않다. 현재 수준의 AI가 교수자를 완전히 대체할 수는 없을 것이다(Guilherme, 2019).

물론 외국어 학습에서 AI의 활용은 교수자의 업무 효

율 향상, 학습자의 개인화된 학습 제공을 통한 학습 몰입 증진 등 교육 혁신의 다양한 기회를 제공할 것이 확실하다. 그러나 더욱 중요한 것은 교육에서 교수자와 학습자(교사-학생) 간의 상호 작용, 공감, 인간적 접촉의 유기적 관계다. 이 점을 AI 활용 교육에 효과적으로 활용·통합하려면 인간관계를 지원·강화하는 학습 환경의 조성이 필요하다. 가령 AI가 교수자-학습자 간 또는 학습자끼리의 협력과 상호 작용을 강화하는 플랫폼을 제공하고 학습자의 정서적·심리적 상태를 모니터링하여 이를 교수자에 전달하면 교수자가 더 정교한 추가적 지원 제공에 활용할 수 있다.

AI의 현재 발달 수준과 속도를 감안할 때, 머지않은 시점에 교육 분야에서 AI 기술의 역할은 더욱 공고해질 것이 분명하다. 이에 따라 교수자-학습자 관계가 더 중요해질 것이며(Guilherme, 2019), 교수자가 AI와 협업하는 관계 형성이 필요해 보인다(Law et al., 2017; Luckin & Cukurova, 2019; Roll & Wylie, 2016).

참고문헌

신동광 외(2023). 내용중심 영어 교수 학습의 도구로서 ChatGPT의 활용 가능성 탐색. ≪영어교과교육≫, 22(1), 171-192쪽.

현주은·임희주(2019). 영어학습도구로서 인공지능 스피커의 분석 및 시사점. ≪영어영문학≫, 24(1), 201-219쪽.

홍수민·임철일(2021). 인공지능 스피커를 활용한 언어교육에서 교수자의 스캐폴딩 전략 개발. ≪교육공학연구≫, 37(2), 309-341쪽.

황순희(2021). 스캐폴딩 관련 국내 연구 동향 분석. ≪학습자중심교과교육연구≫, 21(7), 217-237쪽.

Abbasi, S., & Kazi, H.(2014). Measuring effectiveness of learning chatbot systems on student's learning outcome and memory retention. *Asian journal of applied science and engineering*, 3(2), pp.251-260.

Gilson, A., et al.(2023). How does ChatGPT perform on the United States Medical Licensing Examination (USMLE)? The implications of large language models for medical education and knowledge assessment. *JMIR medical education*, 9(1). doi:10.2196/45312

Guilherme, A.(2019). AI and education: The importance of teacher and student relations. *AI & Society*, 34, pp.47-54.

Khan, M. S.(2023). A multidimensional approach towards addressing existing and emerging challenges in the use of ChatGPT. *AI and ethics*, pp.1-7. doi:10.1007/s43681-023-00360-y

Kuki. https://chat.kuki.ai

Law, N. W. Y., et al.(2017). A pattern language based learning design studio for an analytics informed inter-professional design community. *Interaction design and architectures*, 33, pp.92-112.

Luckin, R., & Cukurova, M.(2019). Designing educational technologies in the age of AI: A learning sciences-driven approach. *British journal of educational technology*, 50(6), pp.2824–2838.

Roll, I., & Wylie, R.(2016). Evolution and revolution in artificial intelligence in education. *International journal of artificial intelligence in education*, 26, pp.582–599.

Zimmerman, M.(2018). *Teaching AI: Exploring new frontiers for learning*. International Society for Technology in Education.

05
언어 장애와 AI

언어 장애, 의사소통 장애의 진단 · 예방 · 치료를 다루는 언어 병리학은 1861년 폴 브로카(Paul Broca)와 1873년 카를 베르니케(Carl Wernicke)가 두뇌 특정 부위에 언어 중추가 있음을 보고한 이래로 활기를 띠게 되었다. 최근 AI는 언어 장애 치료와 지원에 새로운 패러다임을 제시하고 있다. 딥러닝과 멀티모달 데이터 분석은 언어 장애의 조기 진단과 추적을 가능케 하며, 음성 인식과 자연어 처리는 실시간 분석으로 맞춤형 치료를 제안한다.

AI와 아이돌?

AI, 의사소통 장애를 돕는 보조 도구

AI 기술은 인간의 인지 과정을 모방하여, 이를 대체할 수 있는 인지 시스템(cognitive system)을 개발할 수 있다.

이러한 의미에서 AI는 학습과 언어 수행에서, 그리고 인지적 어려움을 겪는 사람에게 강력한 보조 도구가 될 수 있다. 최근 AI 기술은 언어 장애의 조기 진단과 평가, 재활, 치료, 그리고 의사소통 능력 향상을 위해 활용되고 있다. 국내보다 해외에서 더 정교하고 개인화된 치료와 지원을 제공하려는 시도가 활발히 이루어지고 있다.

자신의 생각을 정상적으로 전달하지 못하는 상태인 의사소통 장애는 유전적 · 생리적 · 심리적 · 환경적 원인 등에 따라 발생한다. 크게 음성 장애(말 장애, speech disorders)와 언어 장애(language disorders)로 나뉜다(강범모, 2020, 452쪽). 음성 장애는 신경 혹은 발음 기관의 문제로 말을 산출하는 데에 어려움이 있으며, 언어 장애는 신체적 문제는 없지만 의사소통이 원활하지 않은 상태를 말한다. 이러한 장애는 주로 신경학적(예: 실어증 · 치매), 발달적(예: 자폐 스펙트럼), 심리적(예: 말더듬) 원인과 학습 장애(예: 난독증 · 실독증 · 실서증) 등 다양한 원인으로 발생한다.

AI, 의사소통의 한계를 넘다

AI 기술은 언어 장애의 진단과 재활(rehabilitation)을 돕는다.

AI 기술은 언어 장애가 있는 사람의 언어(말 · 음성) 패턴을 분석하여, 비정상성을 자동으로 감지하고 장애 유형과 특징을 식별하며, 정교한 평가를 통해 언어 장애를 초기에 진단할 수 있다. 더욱이 이러한 AI 알고리즘은 단순 언어 장애뿐만 아니라, 실어증 · 자폐 스펙트럼 장애와 같은 더 복잡한 언어 장애의 언어적 특성을 추출하여 평가 · 진단할 수 있다.

언어 장애인을 위한 AI 기반 언어 재활 도구는 언어 장애 진행 상황을 모니터링 · 분석하여 재활 계획을 지속적으로 조정하며, 개인 맞춤형 프로그램을 제공할 수 있다. 그 형태 또한 다양하다. 가령 안경 또는 의복 형태의 웨어러블 디바이스(wearable device)를 대상자가 직접 착용하거나, AI 로봇을 활용하여 언어 중재−언어 장애인의 언어 능력 개선 또는 회복을 위한 치료적 개입−에 도움을 받을 수 있다. 이러한 기술을 이용해 언어 중재한 결과, 청각 장애 성인의 말 명료도 증진, 자폐 스펙트럼 아동의 사회적 의사소통 기술 향상 등 다양한 효과가 나타났다(강혜원 외, 2022, 704쪽).

기개발 언어 문법 교정기를 활용한 AI 기반의 보완 대체 의사소통(augmentative and alternative communication, AAC) 프로그램도 개발되어 활용되기 시작했다. 보완 대체 의사소통은 의사소통이 어려운 사람들이 그림, 기호, 제스처(gesture), 전자 기기와 같은 방식으로 의사소통할 수 있도록 돕는 방법이다. 또한, 기본적으로 언어 장애인의 원활한 소통을 돕기 위해 음성 인식 기술(예: AI 스피커)이 적극적으로 활용되고 있다. 조작과 작동이 편리하고, 음성 명령만으로 쉽게 원하는 정보를 얻으며 지시 · 명령에 대한 필요 기능 수행이 가능하기 때문이다.

청각 장애, 지체 장애, 자폐성 장애를 돕는 언어 재활의 혁신

언어 장애가 동반되는 대표적인 사례로 청각 장애, 지체 장애, 자폐성 장애가 있는데, 최근 AI 기술은 이들의 언어 재활을 지원하며 접근성을 높이고 있다. 해외의 유관 기술 사례(권정민 · 이영선, 2020, 191-195쪽)를 몇 가지로 요약할 수 있다.

청각 장애는 청력 손상으로 의사소통에 어려움을 겪는 장애다. 이들을 돕기 위해 캡셔닝(captioning), 수화 통역, 청각 보조 기술이 개발되었다. 캡셔닝은 음성 언어를 실시간으로 텍스트로 변환해(speech-to-text) 청각 장애인이 수화 없이도 소통할 수 있게 돕는다. 마이크로소프트(Microsoft)사의 마이크로소프트 번역기(Microsoft Translator)와 아바(Ava)가 대표적이다. 수화 통역 기술은 수화를 텍스트로 변환하거나 텍스트를 수화로 변환하며, ViSiCAST, eSIGN 등의 프로그램이 상용화되기 시작했다. 청각 보조 안경은 시각적 디스플레이(display)를 활용하여 청각을 보조하는 AI 기술이다. 음성과 환경음을 구분하여 적절한 크기로 조절해 주는 AI 보청기와 인공 와우를 통해 들리는 왜곡된 소리에 AI를 입혀 언어 예측을 돕고 의사소통을 지원한다.

지체 장애는 신체적 제약으로 인해 움직임과 이동이 어려운 장애다. 무엇보다 발음 부정확과 의사소통 전반의 어려움을 초래할 수 있다. 지체 장애와 언어 장애는 별개의 장애 범주에 속하지만, 한 개인이 두 가지 장애를 동시에 가질 가능성이 있다. 가령 뇌 손상(예: 뇌성마비), 유전적 질환(예: 다운 증후군), 발달적 지연(예: 운동 발달 지연), 환경적 제한 등으로 인한 중복 장애가 대표적이다. 지체 장애인의 언어 재활을 돕기 위해 음성 인식, 홈 오토메이션 시스템(home automation system),

보완 대체 의사소통 기술이 개발되어 활용되고 있다. 음성 인식 기술은 이동 제한이 있는 지체 장애인과 거동이 어려운 노인들에게 더욱 유용하다. 음성 명령을 통해 집 안의 사물 인터넷 기기 조작과 정보 획득을 도울 수 있다. 홈 오토메이션 시스템도 음성 인식, 제스처 인식(gesture recognition) 등을 활용하여 집 안의 다양한 기기를 제어할 수 있다. 또한, 보이스잇(Voiceitt) 애플리케이션은 발음이 부정확한 지체 장애인의 말을 이해 가능한 언어로 변환한다. 터치(touch) · 숨 · 이미지 기반의 보완 대체 의사소통 기술도 진화하고 있다.

자폐성 장애는 제한적 · 반복적인 관심과 행동을 보이고, 사회적 상호 작용과 의사소통 전반에 어려움을 겪는 장애다. 이들은 사회화와 사회적 통합에 어려움이 크므로, 사회적 상호 작용 촉진과 의사소통 교육이 지속적으로 필요하다. 이들을 돕고자 사회적 상호 작용 보조 · 치료 기술, 단순화 프로그램이 개발되었다. 그 예로, 음성으로 의사소통이 어려운 자폐성 장애인을 위해 음성 언어를 텍스트로 변환하고 텍스트를 다시 그림으로 변환하는 마이크로소프트사의 애플리케이션 헬픽토(Helpicto)를 들 수 있다. 이 애플리케이션은 음성과 그림, 음성과 텍스트 간의 상호 변환을 통해 의사소통을 돕는다. 한편,

스마트 안경 카메라로 상대방의 표정을 찍어 표정 인식 기술로 분석하고, 음성 언어나 텍스트로 자폐성 장애인에게 피드백을 전달하는 시스템도 개발되었다. 또한, 자폐성 장애인의 사회성 치료와 사회적 상호 작용을 촉진하기 위해 로봇 중재와 버추얼 캐릭터(virtual character)를 활용한 게임도 효과적이다. 버추얼 캐릭터는 장애인의 정서적 상태, 눈 맞춤, 사회적 신호 등에 반응하도록 설계되었다. 그리고 자폐성 장애는 지적 장애를 동반하는 경우가 많은데, 이를 돕기 위해 복잡한 텍스트의 핵심 성분만 남기는 방식으로 단순화하는 프로그램도 개발되어 지원되고 있다.

AI 기술의 도전: 발음 개선과 지속적 대화 지원

현재 AI 기술은 언어 장애인의 재활을 위한 맞춤형 지원이 일정 부분 가능하지만 도전 과제가 있다.

첫째, 언어 장애인은 대부분 발음 부정확, 조음 장애로 인한 발음 명료성 부족, 그리고 질환으로 인한 말의 속도 · 강도 · 정확성에 문제가 있는 구음 장애를 보인다. 일반 대화 상대자도 이들의 말을 정확히 이해하기 어렵다. 현재 음성 인식 기술은 일반인의 음성 데이터를 기반으로 개발되어, 언어 장애인의 음성을 정확히 인식하는 데에 한계가 있다. 이를 극복하기 위해 종종 언어 장애인의 발음 패턴을 학습하는 맞춤형 음성 인식 모델 개발이 중요하다. 최근 다양한 발음 패턴을 포함한 데이터 세트(data set)의 등장과 데이터의 질, 모델의 적응력을 고려할 때, 이러한 발전은 장애인의 발음을 더 잘 인식할 수 있는 AI 모델 개발에 기여할 것이다.

둘째, AI 기술과 언어 장애인 간의 지속적인 대화가 어려울 수 있다. AI는 단발성 명령에는 잘 반응하지만, 문맥을 이해하고 지속적인 대화를 이어가는 데에는 한계가 있다. 이를 위해 대화의 흐름을 유지하고 이전 대화를 기억하는 고급 자연어 처리 기술의 적용이 필요하다.

참고문헌

강범모(2020). 『언어: 풀어 쓴 언어학 개론』(개정4판). 한국문화사.

강혜원 외(2022). 의사소통장애의 평가 및 진단에서 인공지능 적용과 성과에 관한 체계적 문헌고찰. ≪언어치료연구≫, 27(3), 703-722쪽.

권정민·이영선(2020). 장애인을 위한 인공지능 활용 동향. ≪한국초등교육≫, 31(특별호), 187-202쪽.

이승권 외(2022). 언어장애인의 스마트스피커 접근성 향상을 위한 개인화된 음성 분류 기법. ≪스마트미디어저널≫, 11(11), 17-24쪽.

황순희·최진남(2013). 알츠하이머형 치매환자의 동사 사용 양상 분석. ≪언어과학≫, 20(3), 143-173쪽.

Ballati, F., et al.(2018). "Hey Siri, do you understand me?": Virtual assistants and dysarthria. In *Proceedings of the 14th Intelligent Environments (IE18)* (pp. 557-566).

Kanimozhiselvi, C. S., & Santhiya, S.(2021, February). *Communication disorder identification from recorded speech using machine learning assisted mobile application.* Paper presented at the 2021 Third International Conference on Intelligent Communication Technologies and Virtual Mobile Networks (ICICV), Tirunelveli, IN.

06
통·번역과 기계 번역

통 · 번역의 중요성과 교육 필요성의 역사는 고대로 거슬러 올라간다. 최근 기계 번역 기술에 음성 인식 · 음성 합성 기술이 접목되면서 기계 번역의 정확도와 품질이 빠르게 향상되고 있다. 또한, 생성형 AI인 챗GPT는 문화적 맥락과 어조를 반영한 자연스러운 번역을 가능케 하며, 제로샷(zero-shot) 번역 기술은 데이터가 부족한 언어 간 번역의 장벽을 낮추고 있다. 그러나 이러한 기술 발전은 오역 가능성과 윤리적 문제의 과제를 동반하며, 기계 번역의 품질 평가 · 보완에 인간 번역가의 역할이 더욱 중요해지고 있다.

AI와 야구?

기계 번역, 인간 통·번역가를 대체할 수 있을까?

기계 번역은 컴퓨터 소프트웨어를 사용하여 하나의 자연어를 다른 언어로 번역하는 과정으로, 자동 번역(automated translation)이라고도 한다(Systran 홈페이지 참조).

2022년 현재 전 세계에 약 7,151개의 언어가 존재한다. 이 중 화자 1천 명 이하인 소수 언어 약 1,514개를 제외하고, 5,637개의 언어를 번역 또는 통역한다면, 5,637 × 5,636가지의 통 · 번역이 필요하다. 출발 언어(원천 언어, source language)와 도착 언어(목표 언어, target language) 간에 엄청난 통 · 번역 경우의 수가 발생하게 된다. 기계 번역은 기본적으로 사용자가 원하는 출발 언어를 원하는 방식[텍스트(문자) 또는 음성]으로 입력하면, 번역 결과를 원하는 방식(텍스트 또는 음성)으로 제공한다. 최근에는 음성을 문자로 변환하는 음성 인식과 문자를 음성으로 변환하는 음성 합성이 적용되어, 기계 번역 서비스의 성능이 한층 향상되었다. 구글(Google) 번역, 네이버 파파고(Papago)가 이 서비스를 제공하고 있다. 파파고는 에스페란토어(Esperanto)로 '앵무새'를 뜻하며, 앵무새가 여러 언어를 흉내 내는 것처럼 다양한 언어 번역이 가능함을 비유적으로 나타낸다.

기계 번역은 꽤 오랫동안 성능이 좋지 않았는데, 2010년대 중 · 후반부터 변화가 시작되었다. 또한, 초거대 언어 모델 기반 생성형 AI 시스템인 챗GPT가 등장한 2022년 말부터 다시금 주목받고 있다. 챗GPT는 기계 번역을 주목적으로 한 시스템이 아니라 인간과의 자연스러운 대화를 기반으로 개발된 챗봇이지만, 현재 번역에도 적극적으로 활용되며 높은 번역 품질을 보이고 있다.

챗GPT의 등장으로 통 · 번역가는 가까운 미래에 사라질 가능성이 큰 직업으로 종종 언급된다. 기계 번역 기술이 이미 인간 통 · 번역사의 일부 역할을 대체하고 있고, 향후 정보 전달 목적의 글과 비문학, 일상 대화 번역 등은 자동화될 가능성이 크기 때문이다. 그럼에도 불구하고 구어체, 감정이 반영된 글, 문화적 맥락이 중요한 문학 작품 등의 번역은 AI가 대체하기 어려워, 여전히 인간 통 · 번역가의 역할이 강조될 것이다.

기계 번역의 진화: 규칙, 통계, 그리고 신경망

기계 번역은 자연어 처리 분야에서 감성 분석, 중의성(ambiguity) 해소, 구문 분석, 정보 추출과 함께 최근 상당한 발전을 보이는 분야 중 하나다.

기계 번역은 언어 처리 기술 중 가장 종합적인 응용 시스템으로, 출발어, 도착어의 형태, 통사, 의미 처리 기술이 모두 필요하다. 기본적으로 음성 처리 기술은 필요하지 않았지만 최근 음성 인식, 음성 합성 기술까지 접목되었다. 기계 번역은 두 언어에서 약간의 변형만으로도, 그리고 두 언어 간의 구조적 차이가 심할수록 오역 발생률이 높아지는 매우 어려운 작업이다. 반면, 문장 구조가 상대적으로 유사한 언어 간(예: 한국어-일본어)의 번역, 비교적 동일한 어족에 속한 언어 간 번역 시스템은 어느 정도 개발되었고, 고품질의 번역을 얻을 수 있다.

기계 번역의 대표적인 방식은 역사와 발전에 따라 1세대 규칙 기반 기계 번역(rule-based machine translation, RBMT), 2세대 통계적 기계 번역(statistical machine translation, SMT), 3세대 신경망 기계 번역(neural machine translation, NMT)으로 나뉜다(Systran 홈페이지 참조).

1세대 규칙 기반 기계 번역은 1949년 워렌 위버(Warren Weaver)가 제안한 방법으로, 문법과 어휘 규칙을 이용해 번역한다. 이 방식은 2차 세계 대전 당시 암호 해독에 활용된 정보 이론을 기초로 한다. 가령 '책'은 *book*으로(규칙 1), '나'는 *I*로(규칙 2) 번역하는 등, 수많은 규칙과 두 언어 간 사전을 사용해 번역하는 것이다. 이 방법은 규칙에 맞는 문장에서는 높은 정확도를 보이지만 규칙에 부합되지 않는 경우 번역이 어렵고, 개발과 유지 보수가 복잡하며 전문가의 검수가 필요하다. 언어 규칙은 상황과 문맥에 따라 달라질 수 있기 때문에 규칙 기반 기계 번역의 한계는 곧 드러났다. 국내에서는 지니톡(Genie Talk)이 2012년 한국전자통신연구원(ETRI)이 규칙 기반 방식으로 개발한 사례다.

2세대 통계 기반 기계 번역은 이미 번역된 데이터를 분석하고, 특정 단어 전후에 어떤 단어가 주로 출현하는지 통계로 추출하여, 기계 번역을 수행한다. 단어 기반(1993년 무렵~), 구 기반(2003년 무렵~) 방법으로 구분된다. 가령 단어 기반의 통계 기반 번역(예: 한국어 → 영어) 과정은 '좋은 하루 보내세요'를 번역할 때, '좋은'이 good, nice, better로 번역될 확률과, '하루'가 a day, one day, day로 번역할 확률, '보내세요'가 send, give, have 등으로 번역할 확률을 각각 계산하여, 그중 사용 확률이 가장 높은 어휘를 선택하는 방법이다. 대표적으로 미국의 구글, 프랑스의 시스트란(Systran)이 이 방식을 사용했다. 이 방법은 최초의 통계 기반 기계 학습 모델이라는 의의가 있지만, 중의성 해소가 어렵기 때문에 규칙 기반 기계 번역을 극복하지 못한 것으로 평가된다.

3세대 인공 신경망 기계 번역은 2014년부터 시작된 방법으로, 인공 신경망을 사용하여 문장 전체 문맥을 고려하여 번역을 생성한다. 최근 가장 많이 사용되는 방식으로, 문맥을 잘 반영한 자연스럽고 일관된 번역이 가능하다. 하지만 대규모 데이터와 연산 자원, 훈련 시간이 많이 소요된다. 구글 번역과 네이버 파파고가 대표적인 예다.

기계 번역의 한계와 포스트에디팅

초기 기계 번역 개발 당시 "Time flies like an arrow(시간이 화살처럼 빠르게 흐른다)"라는 문장을 제대로 번역하지 못했던 것으로 유명하다.

간단한 문장이지만 문맥과 비유적 의미를 이해해야 번역이 가능한데, 초기 기계 번역 시스템은 이를 반영하지 못했다. 현재 기계 번역은 정보 중심의 내용 번역, 문어체 글 번역 중심으로 이루어지고 있고, 인간 정서가 반영된 복잡한 글, 구어체 표현, 비유적 문장, 문화어, 문화적 맥락, 문학적 뉘앙스, 창조적 표현력 등의 번역에는 여전히 한계가 있다. 기계 번역 오류의 원인으로는 대개 출발어(원천어) 어휘가 도착어(목표어)에 존재하지 않는 경우, 출발어와 도착어의 언어 형식 중 특히 문장 구조가 다른 경우, 한 단어가 여러 의미를 가진 경우 등으로 구분될 수 있다(Garg & Agarwal, 2018). 하지만 실제 번역에는 이보다 훨씬 다양한 오류의 원인과 유형이 존재한다(윤미선 외, 2018, 52쪽).

현재 기계 번역에는 인간이 검수하는 과정인 포스트에디팅(post-editing)을 결합 · 활용하는 추세다. 즉 기계 번역 결과물이 나오면 인간이 이를 검수하는 것이다. 포스트에디팅은 인간 번역만 진행할 때보다 번역 생산성이 높고 속도가 빨라지며, 품질 향상에 기여할 수 있다.

다국어, 무제한, 완전 자동, 통역

머지않은 미래에 인류는 언어의 장벽 없이 원활하게 의사소통할 수 있을 것으로 전망된다.

기계 번역의 미래는 다국어(multi-lingual), 무제한(domain-free), 완전 자동(fully automatic), 통역이라는 4가지 키워드로 요약될 수 있다(윤애선, 2019). 이는 번역 언어의 종류나 방향에 제한이 없고(다국어), 기계 번역이 특수 분야가 아닌 전 분야에 걸쳐 사용될 수 있으며(무제한), 번역 과정에 인간의 개입 없이 기계 번역 시스템이 온전히 수행하고(완전 자동), 번역의 입출력 단계에 음성 처리 기술이 접목되어 문자보다 편리한 음성 매체로 번역이 가능함(통역)을 뜻한다.

이제 번역 분야에서 AI의 활용은 필수 불가결한 요소가 되고 있다. 특히 정보 전달 목적의 글과 비문학 분야 번역에서는 정확성과 번역 품질, 속도 면에서 인간 번역과 대등하거나 우수한 성과를 보인다. 가까운 미래에 기계 번역이 인간 번역을 능가할 것으로 예상된다. 하지만 기계 번역의 발전에 따라 인간 통·번역가와의 협업 가능성도 커질 것이다. AI 기반 기계 번역 시스템은 대량의 텍스트를 신속히 처리하고 기본적인 의사소통을 지원할 수 있다. 이를 통해 통·번역가는 시간을 절약하고, 더 전문적인 번역 작업에 집중할 수 있을 것이다. 또한, 통·번역가는 포스트에디팅을 통해 AI의 미숙한 문맥 이해나 문화적 요소를 보완하여 더욱 정교하게 번역할 수 있다. 기계 번역, 자동 통·번역의 활용이 더 활성화될 경우, 인간 통·번역 분야는 전문화와 세분화가 가속화되며, 더욱 직업적 선명성을 띨 것으로 예상된다(이노신 외, 2016, 77쪽).

참고문헌

김상훈 외(2016). 『언어장벽 없는 국가구현을 위한 자동통번역

산업경쟁력 강화사업』(결과보고서, 16ZS1100-16-1124P). 한국전자통신연구원. https://ksp.etri.re.kr/ksp/report/file/10338.pdf

윤미선 외(2018). 영어-한국어 언어쌍에 적합한 포스트에디팅 가이드라인: 미래 포스트에디터를 위한 가이드라인과 그 실례. ≪번역학연구≫, 19(5), 43-76쪽.

윤애선(2019). 『디지털 바벨탑』 세우기, 어디까지 왔나?: 프-한 기계번역의 현황과 전망. ≪불어불문학연구≫, 117, 157-199쪽.

이노신 외(2016). 통번역의 미래지평: 인공지능과 소통형 융합통번역 연구. ≪번역학연구≫, 17(2), 65-89쪽.

이선화(2023). 챗GPT를 적용한 번역수업 실천 사례 연구: 학부생 번역 과제를 중심으로. ≪번역학연구≫, 24(3), 351-379쪽.

황순희(2010). 대학의 번역강의 내용개발 연구: 프랑스어 중급 학습자의 번역물 평가 분석을 중심으로. ≪프랑스어문교육≫. 33, 389-429쪽.

황순희(2011). 코퍼스 기반 번역 연구: 신문 텍스트에 나타난 프랑스어와 한국어의 《양보》 표지 분석을 중심으로. ≪프랑스어문교육≫. 36, 231-258.

Garg, A., & Agarwal, M.(2018). Machine translation: A literature review. doi:10.48550/arXiv.1901.01122

Systran (*n.d.*). What is machine translation?. https://www.systransoft.com/systran/translation-technology/what-is-machine-translation/

07
감성 분석과 AI

감성 분석은 텍스트를 분석해 글쓴이의 의견과 감정을 긍정 · 부정(또는 중립)으로 분류분석하는 기술로, 마케팅, 여론 분석, 고객 서비스 등 다양한 분야에 활용된다. 초기에는 긍정과 부정을 나타내는 단어의 빈도를 기반으로 했으나, 최근에는 딥러닝 기반 자연어 처리를 통해 문맥과 뉘앙스를 반영한 정교한 분석이 가능해졌다. 감성 분석의 정확도와 효율성 향상을 위해 다의어 처리와 복잡한 문맥 고려, 그리고 개별어 특성을 반영한 감성 분석 기술의 발전이 필요하다.

AI와 운동주?

감성 분석과 오피니언 마이닝: 감정과 의견의 경계

감성 분석(sentiment analysis)은 자연어 처리의 핵심 분야 중 하나로 텍스트에서 긍정, 부정, 중립의 감정을 식별하고 분류하는 기술로, 감정의 강도와 방향성을 분석한다(Medhat et al., 2014).

즉 특정 단어 또는 구문의 감정적 톤(tone)을 평가하여 전반적인 감정을 판단한다. 감성 분석은 빅 데이터(big data) 분석 기법 중 오피니언 마이닝(opinion mining)과 흔히 동의어로 혼용되나, 다소 차이가 있다. 오피니언 마이닝은 특정 주제 또는 제품에 대한 다양한 의견을 추출·분석하는 기술로, 감성 분석은 오피니언 마이닝의 하위 영역으로 볼 수 있다. 감성 분석과 오피니언 마이닝은 모두 영화·게임·쇼핑·호텔·음식점 등 다양한 분야에 대한 고객의 온라인 리뷰(review), 소셜 미디어 게시물, 뉴스 기사, 설문 조사 응답 등에서 사용자 반응과 다양한 의견을 수집하고 분석하는 기법이다. 이를 통해 제품·고객 서비스 개선, 마케팅 전략 수립, 제품 개발 방향 설정 등 다양한 비즈니스 결정에 필수적인 정보를 제공하며, 기업의 평판 관리에도 중요한 영향을 미칠 수 있다.

현재 다양한 감성 분석기(예: Komprehend)가 개발되어 실제로 활용할 수 있다. 이와 유사한 맥락에서 최근 다양한 데이터 증가, 딥러닝 알고리즘의 발달로, 전통적으로 처리가 어려웠던 반어법(irony), 풍자(satire), 비꼼·빈정댐(sarcasm)의 처리도 상당 부분 가능해졌다. 특히 최근의 챗GPT는 감성 분석도 수행하며, 상당히 높은 성능을 보이고 있다(Amin et al., 2023). 가령 "여긴 사무실이 아니야. 형광등 있는 지옥이지!(This isn't an office. It's Hell with fluorescent lighting!)"라는 문장을 챗GPT에 입력하고 감성 분석을 요청하면, 부정적 감정, 과장·비유, 아이러니와 풍자 등과 같은 구체적인 분석이 제공된다.

감성 분석의 접근: 사전과 알고리즘

감성 분석은 주로 사전 기반 기법과 기계 학습 기반 기법으로 수행된다.

사전 기반 기법은 감성 어휘(sentiment terms)와 유관 어휘들의 긍정·부정의 정도를 나타내는 극성(polarity)으로 구성된 감성 사전을 구축하여 감성 분석을 수행한다. 특정 분야, 영역(domain)에 특화된 감성 사전을 활용하면 감성 분석 정확도가 향상된다. 감성 사전의 조회

만으로 감정 판별이 가능하며, 처리 속도가 빠른 것이 장점이다. 반면, 문맥에 따른 다의어(polysemy) 해석, 같은 단어라도 달리 표현될 수 있는 상이한 감정들의 처리, 사전에 포함되지 않은 단어 처리에 어려움이 있다.

기계 학습 기법은 훈련된 모델을 통해 문맥을 고려한 감성 분석을 수행하며, 나이브 베이스(naive Bayes), 서포트 벡터 머신(support vector machine, SVM), 결정 트리, 딥러닝 모델 등이 사용된다. 훈련된 모델을 통해 문맥과 단어 위치, 빈도, 연속성 등 다양한 특징을 고려한 감성 분석을 할 수 있다는 장점이 있다. 반면, 모델의 훈련과 최적화에 시간이 오래 걸리고, 고품질의 훈련 데이터가 필요하다.

최근에는 사전 기반 기법과 기계 학습 기반 기법을 결합한 하이브리드(hybrid) 접근으로 정확도와 효율성을 높이는 방식이 활용되기도 한다. 가령 초기 감정 점수 계산은 사전 기반 기법으로 수행하고, 그 결과를 기계 학습 모델의 입력 특징으로 사용한다.

음식점 리뷰 속 감정 읽기

사전 기반 기법의 감성 분석은 데이터 수집과 전처리, 평가 항목별 감성 사전 구축, 리뷰 문장 분류, 감성 분석(감성 점수 계산) 순으로 이루어진다. 가령 음식점 방문 리뷰에 대한 감성 분석을 생각해 볼 수 있다.

첫째, 음식점 선정에 영향을 미칠 수 있는 중요한 평가 항목을 선정한다. '음식 맛', '가격', '서비스', '분위기' 등의 4가지 항목이 될 수 있다. 웹 크롤러(web crawler)를 구축하여 한국 음식점의 평점과 리뷰를 수집하고, 리뷰 분석을 위해 데이터 전처리 작업[예: 노이즈(이모티콘 등) 제거]을 한다. 그런 다음, 세부 평가 항목별 분류를 위해 리뷰를 문장 단위로 분석하거나, 필요에 따라 어절이나 단어 단위로 세분화할 수 있다. 이 과정에 형태소 분석기 등을 활용하면 각 문장 또는 단어의 의미적 요소를 효과적으로 파악할 수 있다.

둘째, 세부 평가 항목에 따라 리뷰를 분류하기 위해, 평가 항목('음식 맛', '가격', '서비스', '분위기')별 맞춤형 감성 사전을 구축한다. 평가 항목에 따라 자주 사용되는 감성 어휘가 서로 다르다는 전제가 있기 때문이다. 가령 '음식 맛' 평가에는 '맛있다' · '고소하다'와 같은 어휘가, '서비스' 관련 평가에는 '친절하다' · '쌀쌀맞다'와 같은 어휘가 주로 사용될 것이다.

셋째, 문장 단위로 분리된 리뷰 문장을 미리 구축한 맞춤형 감성 사전을 이용하여 평가 항목별로 분류한다. 감성 사전에 수록된 감성 어휘가 리뷰 문장 텍스트에 출현하면, 그 문장은 해당 평가 항목과 관련된 것으로 판단하고, 해당 평가 항목으로 분류한다. 그러나 감성 어휘가 출현하지 않는 경우에도 문맥을 고려하여 문장의 전반적 의미에 따라 분류하는 추가적 분석이 필요하다.

넷째, 분류된 리뷰 문장에 대해 동일한 감성 사전을 사용해 각 평가 항목별로 감성 점수를 계산한다. 이를 통해 해당 리뷰가 얼마나 긍정적인지 또는 부정적인지를 수치로 표현하여, 그 결과를 바탕으로 평점을 예측한다. 감성 점수 기반의 평점 예측 결과는 기존의 방법(예: 단순 평균 평점)과 비교하여 그 성능을 평가할 수 있다. 감성 점수를 계산한 예시는 다음과 같다.

- 맛: "소고기가 부드럽(+1)고 맛있(+2)었어요." (+1.5; 평균값)
- 가격: "음식 양에 비해 가격이 비싼(-2)편입니다." (-2)
- 분위기: "깔끔(+2)하고 경치 좋(+2)은 식당입니다." (+2)

감성 분석의 도전 과제

다의어와 문맥, 그리고 개별어 특성을 고려한 감성 분석이 필요하다.

첫째, 하나의 단어가 문맥에 따라 서로 다른 의미를 갖는 다의어 처리는 문제가 될 수 있다. 다음은 호텔 사용 후기 리뷰에 나타난 다의어 사례다.

1. ① "호텔이 기대 이상이었어요", ② "이 호텔, 기대와 달랐어요": ①에서 '기대'는 긍정적 의미의 '기대'를, ②의 '기대'는 부정적 의미의 실망을 나타내는 서로 다른 의미다.
2. ① "방이 넓었어요", ② "방에서 소음이 들렸어요": ①에서 '방'은 객실 크기에 대한 단순 설명으로 중립적 의미를 갖지만, ②에서 '방'은 부정적 경험을 나타낸다.
3. ① "서비스가 좋았어요", ② "서비스가 좋다고 말하기 힘들어요": ①에서 '좋다'는 명확하게 긍정적 의미를 나타내지만, ②에서 '좋다'는 대체로 부정적 맥락을 포함한 의미다.
4. ① "가격이 너무 비싸요", ② "비싸지만 그만 한 가치가 있어요": ①에서 '비싸다'는 부정적인 의미지만, ②에서 '비싸다'는 가치를 표현하는 긍정적 의미로 해석된다.

단어의 의미는 문맥에 따라 다를 수 있기 때문에, 문장 전체를 고려하지 않으면 정확한 감정 파악이 어렵고 감성 분석의 오류가 발생하게 된다. 이를 해결하려면 다의어 처리 시 감성 분석 알고리즘에 문맥을 고려하는 자연어 처리 기술을 도입할 필요가 있다.

둘째, 긴 문장 또는 복잡한 문맥에서는 감정이 문장 여러 곳에 분산되어 나타날 수 있다. 이 경우 감정의 정확한 이해와 추출이 어려울 수 있다. 이를 해결하려면 의존 구문 분석(dependency parsing)이나, 긴 문장 · 복잡한 문장을 여러 단계로 나눠 분석하는 다단계 감성 분석이 효과적일 수 있다.

셋째, 감성 분석에는 개별어에 따라 다양하고 까다로운 도전 과제가 존재한다. 따라서 개별어 특성을 고려한 분석이 필요하다. 한국어는 어미와 조사가 발달한 교착어로 자연어 처리가 어렵고, 공개된 감성 사전이 부족하여(안정국 · 김희웅, 2015) 한국어로 작성된 리뷰 분석이 어렵다. 일본어 · 터키어 또한 접사 결합을 통해 다양한 의미와 문법적 변화를 나타내는 교착어로, 형태소 분석이 까다롭다. 반면, 독일어 · 러시아어와 같은 굴절어는 단어의 형태 변화(굴절)를 통해 문법적 정보가 전달되므로, 형태소 분석과 구문 분석이 복잡하다. 그리고 중국어 · 타이어와 같은 성조어는 단어 의미가 발음의 높낮이에 따라 달라지므로 텍스트 분석과 음성 인식이 어렵다. 이러한 점을 고려하여 교착어와 굴절어의 감성 분석 개선을 위해 개별어 특성에 맞는 정교한 형태소 분석기가 필요하다. 성조어의 감성 분석에는 텍스트뿐 아니라 음성 데이터까지 고려하는 멀티모달 감성 분석 모델을 도입할 수 있다.

참고문헌

권순찬 외(2024). 대규모 언어 모델을 사용한 제로샷 한국어 감성 분석: 사전 학습된 언어 모델과의 비교. ≪한국컴퓨터정보학회논문지≫, 29(2), 43-50쪽.

소진수·신판섭(2020). 음식점 리뷰 감성분석을 통한 세부 평가항목별 평점 예측. ≪한국컴퓨터정보학회논문지≫, 25(6), 81-89쪽.

안정국·김희웅(2015). 집단지성을 이용한 한글 감성어 사전 구축. ≪지능정보연구≫, 21(2), 49-67쪽.

임영희·김홍범(2019). 호텔 온라인 리뷰 빅데이터를 활용한 감성분석에 관한 연구. ≪호텔경영학연구≫, 28(7), 105-123쪽.

Amin, M. M., et al.(2023). Will affective computing emerge from foundation models and general artificial intelligence? A first evaluation of ChatGPT. *IEEE intelligent systems*, 38(2), pp.15-23.

Han, H., et al.(2018). Generate domain-specific sentiment lexicon for review sentiment analysis. *Multimedia tools and applications*, 77, pp.21265-21280.

Emotion analysis: Komprehend AI APIs. https://komprehend.io/emotion-analysis

Medhat, W., et al.(2014). Sentiment analysis algorithms and applications: A survey. *Ain shams engineering journal*, 5(4), pp.1093-1113.

Sarcasm detection: Komprehend AI APIs. https://komprehend.io/sarcasm-detection

08
인지 편향과 AI 편향

인간의 인지 편향은 경험에 의한 비논리적 추론으로 인해 잘못된 판단을 내리는 것을 뜻한다. 인지 편향은 정보 처리의 효율성, 심리적 요인, 인지적 한계, 사회적 요인 등 다양한 요인이 결합되어 발생할 수 있다. 이러한 편향은 실제 문제 해결에서 왜곡된 판단으로 이어질 수 있다. AI는 인간의 인지와 학습 구조를 모방하므로, 인간의 편향이 반영되거나 증폭될 위험이 있다. 특히 확증 편향, 대표성 편향, 훈련 데이터와 알고리즘 설계의 편향은 AI의 공정성과 신뢰성을 저해하는 주요 요인이다.

AI와 한의학?

편향된 판단: 인지 편향

인간은 인지적 구두쇠(cognitive miser)다.

인간은 두뇌의 인지적 자원, 인지적 에너지를 최대한 적게 쓰는 간단한 방식으로 정보를 처리하고, 문제를 해결하려는 경향이 있다. 즉 많은 인지적 에너지를 소비하며 어떤 생각을 깊게 하는 것을 싫어한다. '인지적 구두쇠'는 1984년 수잔 피스크(Susan T. Fiske)와 셸리 테일러(Shelley E. Taylor)가 발표한 이론에 기초한다. 이러한 경향이 종종 효율적일 수도 있지만, 직관적 판단에 의존할 경우 오류를 초래하거나 비합리적 결정을 내릴 수 있다. 즉 인간은 비이성적이라기보다 제한된 정보, 제한된 합리성인 휴리스틱(heuristic)–직관, 개인적 믿음, 부분적 지식 등–에 기초하여 선택과 결정을 내리곤 한다. 휴리스틱의 결과가 부정적일 때 편향(bias)에 빠지게 된다. 편향은 어느 한쪽으로 치우치는 인지적 함정이다. 인지 편향(cognitive bias)은 개인이나 집단이 판단 또는 결정을 내릴 때 나타나는, 주관적으로 왜곡된 경향을 뜻한다.

다양한 인지 편향이 존재한다. 확증 편향(confirmation bias), 대표성 편향(representativeness bias), 접근 가능성 편향(availability bias) 등이 대표적이다. 가령 사람은

자신이 남들보다 '객관적'이라고 믿는 경향이 있다. 그렇기에 어떤 사실, 가설, 명제 등이 자신의 마음에 든다면, 그것과 모순될 수도 있는 사실은 확인하지 않고 그것이 옳다는 증거만 찾는 데에 몰두하는 경향이 있다. 이것은 확증 편향이다. 확증 편향에 빠지면 사건·현상을 있는 그대로 보는 것이 아니라 보고 싶은 것만 보고, 듣고 싶은 것만 듣게 된다. 율리우스 카이사르(Gaius Julius Caesar)가 말했듯이 "자기가 보고 싶다고 생각하는 현실밖에 보지 않는" 상태가 된다.

- "요즘 젊은이들은 너무 안일해." (특정 연령대에 대한 일반화)
- "한국인은 늘 열심히 일한다." (특정 국민성에 대한 일반화)

이처럼 사람들은 종종 개인 또는 특정 집단, 현상에 대해 공통된 특성을 지나치게 일반화하거나, 부정적 시각을 드러내기도 한다. 인지 편향은 결국 오해나 갈등을 초래할 수 있고, 사회·문화적 다양성을 저해할 수 있다.

편향된 AI: 맞춤형 콘텐츠의 위험

AI 모델-특히 데이터 수집과 처리 과정에서-에도 편향이 나타날 수 있다.

최근 AI의 기반이 되는 빅 데이터 수집·처리 과정에 비윤리적인 편향적 요소가 개입되며, AI 편향이 발생한 다수의 사례가 보고되었다. 이러한 편향은 데이터 선정 과정에서 특정 인구 집단이 과소 대표되거나 불공정한 정보가 포함되어, 결과적으로 AI 시스템이 편향된 결정을 내리거나 특정 집단에 대한 차별을 초래할 수 있다.

컴퓨터 시스템상의 편향은 "컴퓨터 시스템이 특정 개인이나 집단에 대해 체계적이고 불공정하게 차별을 가하며, 다른 이들을 유리하게 대하는 것(the term bias to refer to computer systems that systematically and unfairly discriminate against certain individuals or groups of individuals in favor of others)"을 의미한다(Friedman & Nissenbaum, 1996, p.332). '편향'은 사회 기관, 사회적 관습, 태도 등에서 비롯되는 기존 편향(pre-existing biases), 중립적 시스템이 사회적 맥락에서 편향된 결과를 일으키는 기술적 편향(technical biases), 한 맥락에서 설계된 시스템이 다른 맥락에서 적절히 작동하지 못하는 발생적 편향(emergent biases)으로 나뉜다.

우리 모두 인터넷이나 모바일 플랫폼에서 무언가를 찾다가 짧은 시간 내에 원하는 정보를 찾은 – 좀 더 정확히 '얻게 된' – 경험이 한 번쯤은 있다. 상당히 편리하다.

하지만 내가 원하던 정보는 어쩌다 주어진 것이 아니라, 사실 그동안의 내 선택과 관련된 다양한 정보가 누적되고 반영된 결과다. AI 서비스는 사용자의 관심·취향을 분석하여 맞춤형 콘텐츠를 제공하고 있다. 개인 맞춤형 서비스의 편리함은 크지만, 사용자를 특정 영역·관점·이념·성향에 가두어 편향성을 고착시킬 위험 또한 크다.

AI 편향, 현실을 왜곡하다

AI 모델에서 발생하는 편향은 데이터 자체의 편향과 알고리즘 편향으로 나뉠 수 있다.

AI가 인간의 삶에 미치는 영향력이 커질수록, AI의 편향이 인간의 편향을 더욱 가속화할 위험 또한 커진다. 이는 AI 시스템이 사회 전반에 영향을 미치면서 특정 집단에 대한 차별 또는 불공정한 대우를 정당화할 수 있고, 결과적으로 개인의 편향이나 고정 관념이 더욱 심화될 수 있기 때문이다.

데이터 편향은 훈련 데이터가 특정 그룹이나 관점을 과도하게 반영하여, 모델이 일반화되지 않는 경우 발생한다. 물론 데이터 자체에 포함된 편향은 피할 수 없다. 대표적 사례로 확증 편향, 선택 편향, 자동 편향 등이 있다. 확증 편향은 데이터 조사자가 무의식적으로 자신의 믿음과 일치하는 방향으로 데이터를 수집 · 처리하여 발생한다. 더욱이 조사자 입장에서는 편향이 보이지 않기 때문에 문제의 심각성이 있다. 선택 편향 중에서, 예컨대 지리적 편향은 특정 지역에서 수집된 데이터가 초래할 수 있는 편향이다. 자동 편향은 기계 학습이 자동 처리된 데이터를 비자동 처리 데이터보다 선호하여, 일부 데이터를 배제하며 편향을 강화할 수 있다. 최근 사례로 뷰티닷에이아이(Beauty.AI)는 주어진 이미지 데이터를 기반으로 심사를 진행했으나, 특정 미적 기준이 반영된 데이터를 학습했기 때문에 AI가 선호하는 미적 기준이 편향되었다(데이터 편향). 그런데 사실 '데이터 편향'은 어찌 보면 당연한 결과일 수 있다. 데이터는 인간의 인지 · 행동에 기초한 결과물로, 불완전한 인간에 의해 발생한 데이터 역시 불완전할 수밖에 없고 이를 기반으로 학습한 AI 역시 편향을 만들 수밖에 없다(박기범, 2022, 100쪽).

알고리즘 편향은 알고리즘 설계, 데이터 처리 방법, 학습 과정 등에서 편향된 가정이나 접근 방식에 의해 발생할 수 있다. 결과적으로 특정 집단이나 개인에게 불공평한 결과를 초래하게 된다. 대표적 사례로, 특정 얼굴 인식 소프트웨어에서 백인에 비해 유색 인종의 얼굴 인식에서 더 많은 오류가 발생했고, 모 기업의 채용 알고리즘은 남성 지원자를 선호하는 경향을 보였다. 또한, 특정 지역이나 경제적 배경을 가진 사람들에게 불리하게 작용한 신용 점수 알고리즘의 사례도 주목할 만하다. 이 알고리즘은 과거 데이터를 기반으로 학습하여, 소외된 계층에게 더 높은 신용 위험 점수를 부여해, 금융 접근성에서 차별을 초래했다. 최근 사례로 모 기업의 직업 분류에서 특정 직업이 성별에 따라 편향적으로 분류된 사례가 있었다. 가령 가사 도우미 · 간호사는 여성으로, 장의사 · 대통령은 남성으로 분류되는 경향이 나타났다(알고리즘 편향).

또 다른 예로 마이크로소프트의 챗봇 테이(Tay)와 국내의 이루다는 사용자 입력을 통해 학습하도록 설계되었다. 그런데 AI가 악의적 사용자들의 부정적인 편향된 표현을 학습해 편향된 언어를 사용하게 되었다. 결과적으로 데이터 자체의 편향과 이를 기반으로 학습한 알고리즘이 상호 작용하여 편향이 나타났다(데이터 편향과 알고리즘 편향).

AI 편향, 어떻게 해결할 것인가

균형 잡힌 데이터, 검증 가능한 알고리즘, 편향 감지 시스템이 필요하다.

첫째, AI 모델의 편향을 방지하려면 데이터 품질과 대표성을 고려한 균형 잡힌 데이터 확보가 필수적이다. 특정 인종, 성별, 지역, 경제적 배경 등이 불균형하게 반영되면 편향된 결과가 나타날 수밖에 없다. 이에 다양한 집단을 고르게 포함한 데이터 세트를 사용하거나, 부족한 부분을 강화하는 기술적 방법이 필요하다.

둘째, AI 알고리즘의 의사 결정에 대한 투명성 확보가 중요하다. 즉 AI 시스템의 결과 설명이 가능하도록 설계하면 편향 문제 감지와 수정이 쉬워진다. 만일 의도치 않게 편향이 발생할 경우에도 데이터 처리 과정이나 알고리즘 설계 과정에서 문제를 발견하고 수정할 수 있다.

셋째, AI 시스템의 편향을 감지하고 수정하는 시스템이 필요하다. 편향 모니터링 메커니즘(mechanism)을 구축하여 알고리즘이 특정 집단에 불리하게 작용하는지 지속적으로 평가하고, 문제가 발생하면 자동으로 수정하도록 설계할 수 있다.

참고문헌

김진웅(2021). 자연언어처리에서 윤리적 문제와 해결 방안: 연령 및 지역 편향성 극복의 출발점으로서 방언자료 수집. ≪연구방법논총≫, 6(1), 157-180쪽.

박기범(2022). AI 편향과 시민의 자질. ≪사회과교육≫, 61(2), 95-106쪽.

변순용(2020). 데이터 윤리에서 인공지능 편향성 문제에 대한 연구. ≪윤리연구≫, 128(1), 143-158쪽.

석대건(2019.6.26). 'AI 편향'이란 무엇인가?...구글의 AI 원칙 "데이터 왜곡 없어야". ≪디지털 투데이≫, https://www.digitaltoday.co.kr/news/articleView.html?idxno=211754

이상직(2020). AI알고리즘과 가치중립성 확보 방안. ≪언론중재≫, 157, 4-17쪽.

정계섭(2019). 『우리 모두는 인지적 구두쇠다』. 좋은땅.

Friedman, B., & Nissenbaum, H.(1996). Bias in computer systems. *ACM Transactions on Information Systems (TOIS)*, 14(3), pp.330-347.

09
의료 언어와 AI

의료 커뮤니케이션은 환자와 의료진 간, 의료진 간, 그리고 의료 기관과 대중 간의 정보 교환을 의미하며, 의료 서비스 효율성 향상, 의료 오류 감소, 환자 만족도 증대, 건강 증진에 필수적 역할을 한다. 상담 · 심리 치료 분야에 컴퓨터를 활용하고자 했던, 1966년 개발된 일라이자는 이제는 '옛 기술'이 되었으나 당시로서는 획기적 시도로, 환자와 의료진 간의 커뮤니케이션을 혁신적으로 접근하고자 한 최초의 사례다.

AI와 화장품?

AI가 바꾸는 의료 서비스

AI 기술은 의료 분야에서 임상 기록 분석, 진단 지원, 비대면 의료 상담 등 다양한 방식으로 활용되기 시작했다(Shen et al., 2023).

최근 의료 현장에서는 AI 챗봇이 예약, 상담, 민원 처리 등의 업무를 맡고 있다. 반면, 직접적인 진료나 본격적인 의료 상담에 활용되는 단계에는 아직 이르지 못했다. 그러나 다양한 분야에 AI가 도입되는 것은 피할 수 없는 흐름이며, 의료 분야도 예외는 아니다. AI는 임상 기록 분석을 통해 환자의 상태 변화 모니터링, 질병 패턴 분석, 치료 효과 평가에 기여할 수 있다. 또한, 진단 지원에서는 환자의 증상 설명을 기반으로 유의미한 패턴을 도출해 의료 전문가의 정확한 진단을 돕는다. 이들 기술은 의료 서비스의 정확성과 효율성 향상에 큰 잠재력을 가지고 있다.

해외는 국내보다 다양한 의료 챗봇이 개발 · 활용되어 건강 관리 지원과 치료 서비스 지원에 활용되고 있다(추승연 외, 2021, 43쪽). 이 중 AI 기반 챗봇 의료 상담 서비스는 코로나 19(COVID-19)와 같은 상황에서 필수적인 서비스로 인식되며(Ulrich et al., 2018), 환자와 운영자 모두에게 편리한 비대면 서비스 방식으로 평가된다. 특히 '3분 진료'로 인해 어려움이 많은 한국 의료 상황에 더욱 유용할 수 있다. 의료진의 부담을 줄이고, 의료 서비스의 효율성과 정확성을 높일 수 있기 때문이다.

더욱이 AI 기반 의료 상담의 잠재력은 감염병 우려가 크거나(예: 산부인과), 개인 정보 노출을 꺼리는 환자(예: 미혼모)에게 더욱 두드러진다. 실제로 비교적 복잡하지 않은 의료 상담이라면 인간 의사보다 AI가 더욱 정확하고 객관적일 거 같아 활용할 의사가 있다는 결과(조민하, 2023)도 있다.

가상의 상담자가 심리 상태와 정신 건강을 돌본다

AI 기반의 심리 상담은 심리 · 정신 질환 증가와 초고령화 시대 도래에 따라 더욱 유용할 수 있다.

그동안 환자의 효과적인 심리 · 상담 치료를 위해 컴퓨터 기술을 활용하려는 다양한 시도가 있어 왔다. 최초의 시도는 조지프 와이젠바움(Joseph Weizenbaum)이 1966년 개발한 일라이자(ELIZA)로 인본주의 심리학자 칼 로저스(Carl Rogers)의 공감적 의사소통을 모방하도록 설계되었다. 일라이자는 당시로는 획기적 시도였으나 깊이 있는 대화는 어려웠다. 이 시스템은 사용자가 입력한 문장을 분석하여, 사전에 약속된 규칙과 일정한 패턴에 따라 대답을 출력하는 형태로 작동하며 대화를 모방하는 수준에 그쳤기 때문이다. 일라이자는 현대의 AI, 챗봇에 비해 매우 단순하지만, AI 발전 과정에서 중요한 역사적 의미를 지닌다. 이후 1972년에 개발된 패리(PARRY)는 튜링 테스트(Turing test)를 통과한 최초의 프로그램이다. 국내에서는 2021년 출시된 AI 심리 상담 챗봇 로니(RONI)가 비대면 심리 상담 서비스를 제공하고 있으며, 빅 데이터 기반 맞춤형 상담도 가능할 것으로 기대되고 있다.

현재 심리 치료 분야에 챗봇, 대화형 에이전트(agent)와 같은 기술이 내담자와의 치료적 상호 작용이 가능한 형태로 개발되고 있다. 이러한 기술은 대면 상담의 부담 완화, 시·공간적 제약의 최소화, 다수의 동시 접속이 가능하다는 장점이 있다. 해외에서는 웹 기반 심리 치료 프로그램인 모스트(MOST), 모바일 기반 테스(TESS), 인지 행동 치료를 제공하는 워봇(WOEBOT), 대화형 AI 내담자 클라이언트봇(CLIENTBOT), 가상현실 기반의 엘리(ELLIE) 등 다양한 AI 기반 심리 치료 프로그램이 활용되고 있다(김도연 외, 2020, 828-833쪽).

독거 노인의 우울감 해소, 심리적 안정을 돕는 반려 로봇

심리 치료를 위하여 AI 기술 중 반려 로봇(companion robot)이 적극적으로 활용되고 있다.

소셜 로봇은 외형과 기능에 따라 반려 로봇과 도움 로봇(assistive robot)으로 나뉜다. 소셜 로봇은 1990년대 중반부터 연구가 시작되었고 기존의 산업용 로봇과 달리 의사소통 능력을 가진 감성 중심의 로봇이다. 단순하고 반복적인 작업 수행을 넘어서, 인간과의 상호 작용을 통해 정서적 · 사회적 지원을 제공하며 일상생활에도 도움을 준다. 이처럼 소셜 로봇은 감정 표현, 개성 발현, 일정 수준 이상의 대화 교류, 사회적 단서 이해 등 다양한 기능을 수행할 수 있다(송문선, 2022, 124쪽). 반려 로봇은 인간과의 정서적 상호 작용을 통해 외로움 해소와 심리적 안정을 제공하여, 특히 정서적 지지가 필요한 노년층과 유아에게 효과적이다. 도움 로봇은 일상생활 지원과 물리적 도움을 목적으로 하며, 신체적 제약이 있거나 의료적 지원이 필요한 노인 · 장애인 · 재활 환자에게 주로 사용된다.

반려 로봇은 주로 동물이나 휴머노이드(humanoid) 형태로 제작되며, 일본에서 개발된 물개 모양의 파로

(Paro)(2001년), 인간 모양의 페퍼(Pepper)(2014년)와 2017년 국내에서 개발된 아기 모양의 효돌이, 효순이가 대표적 사례다. 반려 로봇 효돌이는 4G 망이 있는 곳이면 어디서든 작동하고, 음성 알람, 터치 상호 작용, 활동 감지 · 모니터링, 시니어 콘텐츠 재생 등 다양한 기능을 제공한다(이하나 · 임채린, 2021.6.12). 음성 알람은 노인의 식사 · 복약 · 산책 시간 등을 알려 주고 이를 관리한다. 터치 상호 작용은 내장된 센서를 통해 상대방의 동작에 반응하며, 정서 교감을 돕는다. 가령 노인이 효돌이 머리를 만지면 효돌이는 기분이 좋아져서 새로운 대화를 시작하며, 외출 후 귀가 시에는 반갑게 맞이한다. 콘텐츠 재생은 효돌이 귀를 터치하면 앱에 내장된 노래 · 퀴즈 · 이야기 · 영어 교실 · 치매 예방 체조 등의 다양한 시니어 콘텐츠를 제공하여, 정서와 여가, 신체 · 인지 기능 향상을 지원한다.

이처럼 반려 로봇은 인간과 의미 있는 상호 작용을 통해 심리적 상태 개선, 고독감과 우울감 해소, 정서적 어려움 완화 · 치료, 심리적 안정을 제공한다(Pak et al., 2019). 게다가 응급 상황 처리, 일상적 생활 패턴 유지, 예방적 관리 등에도 효과적이다. 실제로 AI 기반의 반려 로봇은 노인의 정서적 측면(예: 수면의 질 개선, 외로움 감소, 우울감과 불안 감소, 스트레스 개선 등)과 사회적 측면(예: 의사소통 촉진, 사회적 활동 증가, 삶의 질 향상 등)에 긍정적 영향을 미친다(송문선, 2022, 125쪽). 반려로봇은 정서적 어려움 완화에 도움이 된다고 알려진 동물 매개 치료가 갖는 한계(예: 비용과 노력, 동물의 죽음에 따른 상실감 등)를 보완할 수 있는 효과적인 대안으로 평가된다.

환자 맞춤형 치료를 위한 AI: 신뢰 구축, 데이터, 그리고 윤리

의료 분야에 AI의 활용에는 도전 과제가 있다.

첫째, AI 의료 상담에는 정확성 확보와 신뢰 구축이 필수적이다. 의료 챗봇이 환자의 증상에 대해 얼마나 정확하고 세밀한 판단을 내릴 수 있을지, 그리고 복잡한 질병 상황에 적절히 대응할 수 있을지 아직은 불확실하다. 챗봇은 기본적으로 정해진 알고리즘에 의해 작동하므로, 복잡한 의학적 · 심리적 판단을 내리는 데에 한계가 있을 수 있다. 이를 해결하기 위해 AI 시스템은 지속적으로 최신 의료 지식을 학습해야 하며, 무엇보다 의료진의 검토하에 운영되어야 한다.

둘째, AI가 데이터 기반의 객관적 판단을 내린다고 하더라도, 환자에 대해 충분히 공감하고 적절한 정서적 지원을 제공할 수 있을지 확실하지 않다. 이러한 의미에서 의사-환자 간 관계에서, 의료진의 인간적 요소(예: 공감 · 신뢰 · 소통 등)가 더욱 필요하다(Jarvis et al., 2020; Stamer et al., 2023). 즉 AI의 효율성은 인간 의사의 정서적 지원과 상호 보완되어야 한다.

셋째, 환자 맞춤형 서비스 제공을 위해 선별된 데이터 구축이 필요하다. 이를 통해 환자 개인의 필요에 맞는 맞춤형 진단과 치료가 가능하며, 의료 자원의 효율적 배분과 관리에도 기여할 수 있다. 그러나 데이터 수집과 사용 과정에서 프라이버시(privacy) 침해 문제, 잘못된 데이터 처리로 인한 오진 가능성 등은 사전에 고려해야 한다. 데이터의 윤리적 사용과 개인 정보 보호 강화를 위한 방안 마련은 늘 강조되어야 한다.

넷째, AI 기술이 인간 의사의 역할을 대체할 가능성에 대한 우려도 있다. 의료 서비스에서 AI와 의사가 협력하는 방안 모색이 필요하고, AI는 의료진의 업무를 보완하는 도구로서 활용되어야 한다. 가령 AI 시스템은 데이터를 기반으로 환자 맞춤형 치료를 제안하고, 최종 결정은 인간 의사가 내리는 구조가 필요하다.

참고문헌

김도연 외(2020). 상담 및 심리치료에서 인공지능 기술의 활용: 국외사례를 중심으로. ≪한국심리학회지 상담 및 심리치료≫, 32(2), 821-847쪽.

송문선(2022). 독거노인의 반려 AI 로봇(효돌)과의 동거 중에 경험하는 의인화에 대한 질적연구. ≪사회복지연구≫, 53(1), 119-159쪽.

이하나·임채린(2021.6.12). AI 돌봄 로봇, 할머니에게 새로운 친구가 생겼답니다. ≪AI타임스≫, https://www.aitimes.com/news/articleView.html?idxno=138776

조민하(2023). 인공지능을 활용한 의료상담의 인식과 과제: 20대 대학생 대상 설문조사를 통하여. ≪인문학연구≫, 57호, 35-64쪽.

추승연 외(2021). 인공지능 의료 챗봇 상담의 서비스 가치가 이용의도에 미치는 영향: 산부인과 챗봇 상담 이용목적에 따른 차이를 중심으로. ≪의료경영학연구≫, 15(3), 41-59쪽.

ELIZA: A very basic Rogerian psychotherapist chatbot. https://web.njit.edu/~ronkowit/eliza.html

Jarvis, T., et al.(2020). Artificial intelligence in plastic surgery: current applications, future directions, and ethical implications. *Plastic and reconstructive surgery-global open*, 8(10), e3200. doi:10.1097/GOX.0000000000003200

Pak, R., et al.(Eds.)(2019). *Living with robots: emerging issues on the psychological and social implications of robotics*. Academic Press.

Shen, Y., et al.(2023). ChatGPT and other large language models are double-edged swords. *Radiology*, 307(2). doi:10.1148/radiol.230163

Stamer, T., et al.(2023). Artificial intelligence supporting the training of communication skills in the education of health care professions: scoping review. *Journal of medical Internet research*, 25. doi:10.2196/43311

Ulrich, G. H., et al.(2018). Faster is not always better: Understanding the effect of dynamic response delays in human-chat-bot interaction. *Journal of information systems*, 113(1), pp.113-118.

10
지역어와 AI

동일한 지역어(지역 방언 · 사투리) 사용자들 간에는 친밀감과 유대감이 강화되는 효과가 있다. AI 기술과 사용자 간의 상호 작용에서도 친밀감은 중요한 요소다. 특히 AI 기반 지역어 서비스는 소통의 편리성을 넘어, 지역적 특성과 정서를 반영해 사용자 경험을 향상시킨다. 최근 AI 기술은 지역어 데이터 부족 문제 해결을 위해 로컬 데이터 수집과 학습에 집중하며, 소멸 위기에 처한 지역어 보존과 부활에도 기여하고 있다. 이러한 기술은 자국어와 문화 보호를 위한 '주권 AI' 구축을 지원하며, AI 활용의 지역화를 가속화한다.

종교와 AI?

지역어의 효과: 친밀감과 유대감의 강화

언어는 다양한 특성과 배경을 가진 사람들이 사용하기 때문에, 사용 상황에 따라 변이(variation)가 발생할 수 있다. 언어 변이(방언)의 발생은 언어 보편적이며 자연스러운 현상으로, 지역 방언(사투리)과 사회 방언(은어)으로 나뉜다.

지역어는 특정 지역에 따라 달라지는 언어적 차이이자, 지역을 단위로 규합할 수 있는 언어 체계다. 또한, 특정 지역의 문화와 정체성을 나타내는 요소로도 평가될 수 있다. 지역어 사용으로 의사소통이 불가능한 것은 아니지만, 사용자 간의 이해가 불완전할 수 있다. 특히 서로 다른 지역어 사용자 간에는 이질감과 편견이 형성될 수 있으므로, 통합을 위해 표준어 제정이 필요하다. 반면, 동일한 지역어 사용자들 간에는 친밀감과 유대감이 강화된다.

지역어도 알아듣는 AI 기술: 음성 인식부터 기계 번역까지

최근 지역어 인식을 위해 음성 인식, 기계 번역, 자연어 처리 기술이 적극적으로 활용되고 있다.

기본적으로 음성 인식 기술을 구현할 때, AI의 목소리에는 인간적 특징이 부여되어야 한다. 인간과 유사한 말투 · 어조를 구사하는 AI는 사용자에게 호감과 친근감을 주며, 현실감을 느끼게 한다. 반대로 AI 서비스가 전혀 어울리지 않는 소리로 소통해 오면 사용자의 친근감은 하락한다(Dautenhahn, 2007; Mitchelle et al., 2011). 결과적으로 인간의 소리적 특성이 배제된 기계음으로는 소통에 어려움이 초래된다. 우리 모두, 기계음과 대화를 지속하고 싶지는 않다! 더욱이 인간은 컴퓨터 시스템, AI와 상호 작용할 때, 실제로 AI가 사람의 말을 이해하고 공감한다고 믿고 무의식적으로 의인화하는 심리적 경향이 있다. 이른바 일라이자 효과다. 일라이자 효과의 유래는 1966년 개발된 초기 자연어 처리 프로그램 '일라이자'에서 왔다. 이러한 의인화는 사용자의 정서적 만족에 영향을 미친다.

실제로 AI 서비스가 사용자와 동일한 지역어를 사용할 경우, AI가 자신과 같은 배경과 언어문화를 공유하고 이해한다고 느껴, 더욱 큰 친밀감 · 유대감을 형성할 수 있다(Dautenhahn, 2007; Mitchelle et al., 2011). 이러한 심리적 요소는 AI의 사용 의도와 실제 사용성 향상에도 기여한다(장순규 · 이지훈, 2019). 더 나아가 지역어 사용자의 만족도 향상, 서비스 접근성 증가를 기대할 수 있다. 이와 유사한 맥락에서, 명랑하고 쾌활하며 적극적이고 자신감 넘치는 남녀의 목소리를 국내외 AI 기반 음성 인식 기술에 구현하는 것이다. AI 로봇의 목소리로 유독 쾌활한 여성 목소리가 많은데, 여성 목소리가 귀에 잘 들어오고 소비자 선호도가 높기 때문이다. 이는 사용자와 AI 간의 친밀성을 높이기 위한 노력이다.

국내의 지역어 기반 AI 모델 구축 사례로 '한국어 방언 AI 데이터 구축 사업'[과학기술정보통신부, 한국지능정보사회진흥원(NIA) 주관, 2020년 9월~2021년 2월]이 있다. 사업의 주요 목표는 AI가 지역어를 정확히 이해하여 의사소통의 효율성을 높이고 서비스 품질을 향상시키는 것이다. 이를 위해 전국 5개 권역(강원도 · 경상도 · 전라도 · 제주도 · 충청도) 일상 대화의 방언 음성 데이터가 수집되었다(문재호, 2020.11.4). 또한, '중노년층 방언 데이터 구축 사업'[과학기술정보통신부, 한국지능정보사회진흥원(NIA) 주관, 2022년 6월~12월]도 수행되어(옥성수 · 김수연, 2024), 노년층의 음성 특성을 반영한 데이터를 수집하여, 음성 인식률 개선에 기여할 것으로 기대되었다.

국내에 지역어를 AI 기술에 접목한 다양한 사례가 있다. 대표적으로 음성 인식(예: 네이버 클로바, 네이버 지도, 카카오 i), 통 · 번역(예: 파파고, 구글 번역), 챗봇 서비스 등에 유관 기술이 적용되었다. AI는 지역어(사투리)를 이해하고 대응할 수 있도록 학습해 더 자연스러운 서비스를 제공한다. 가령 '밥 먹다' 대신에 '밥 묵다'(경상 방언), '날씨가 너무 덥다' 대신에 '날씨가 겁나 덥다'(전라 방언)를 입력하고 영어 번역을 요청하면, 각각 'have (eat) a meal', 'It is very hot'이라는 번역이 출력된다.

해외의 경우, 구글 어시스턴트(Google Assistant)는 영국 · 미국 · 인도 · 호주 등 다양한 지역의 영어 음성 데이터를 학습했고, 애플 시리(Apple Siri)도 여러 언어와 방언을 인식할 수 있도록 훈련되었다. 영어뿐만 아니라 스페인어, 프랑스어 등 여러 언어의 방언도 인식할 수 있다. 이러한 기술들은 지역어 데이터 수집과 정확도 향상에 기여하며, 각 지역어의 특성을 파악하여 더 정교한 언어 모델의 구축을 가능케 한다.

디지털 격차 감소와 주권 AI 강화

지역어 기반 AI 기술의 구현은 지역어 사용자의 기술 접근성을 높이고, 지역 문화 보호와 글로벌 경쟁력 강화를 지원할 수 있다.

첫째, AI 기술이 지역어를 더 완벽하게 이해하고 응답

할 수 있다면, 사용자는 더 큰 친밀감을 느낄 수 있을 것이다. 최근 우리 사회는 초고령화에 진입하여 노인 인구가 증가하고 있다. 노년층은 다른 연령층에 비해 지역어 사용 비율이 상대적으로 높고, 노화로 인해 음성 인식률이 상대적으로 낮다. 이에 노년층의 주요 서비스(예: 돌봄 서비스, 긴급 출동 서비스)에 지역어 기반 AI 기술이 효과적으로 활용될 수 있다. 이는 노년층이 AI 기술을 더 쉽게 받아들이도록 하여 거시적으로 디지털 격차(digital divide) 감소에도 기여할 수 있다.

둘째, 최근 들어 각국의 언어 · 문화에 기반한 데이터 주권, 이른바 주권 AI(sovereign AI) 구축의 필요성이 강조되고 있다. 주권 AI는, 글로벌 빅 테크(global big tech) 기업에 종속되지 않고 자국 언어 · 문화 기반의 데이터를 학습한 거대 언어 모델(large language model, LLM)을 자체적으로 구축하자는 입장이다(김상배, 2024.2.20). 현재 글로벌 빅 테크 기업이 제공하는 생성형 AI 이용이 늘어나고, 양질의 데이터를 학습시킨다 해도 자국 언어의 고유성이나 데이터 주권이 훼손될 가능성은 늘 존재하기 때문이다. 이러한 맥락에서 지역어를 고려한 AI 기술은 주권 AI 강화에 일정 부분 기여할 수 있다. 이는 각 지역의 고유한 언어적 특성을 보존하며, 해당 지역의 문화와 전통을 반영하는 AI 시스템 개발로 이루어진다. 또한, 지역어를 이해하고 사용할 수 있는 AI는 국내 시장에서 경쟁력을 높이고, 글로벌 AI 시장에서 독자적 위치 확보에 도움을 줄 수 있다.

데이터 확보와 복잡한 모델 관리

지역어 기반 AI 기술 발전을 위해 방대한 데이터 수집과 모델의 복잡성을 효과적으로 관리해야 한다.

첫째, 특정 지역어 데이터가 부족하면, AI 모델의 정확도가 떨어질 수 있다. 즉 다양한 지역어를 효과적으로 학습하고 처리하려면, 방대하고 충분한 언어 자원 확보가 필수적이다. 하지만 지역어 데이터는 표준어보다 양이 적고, 수집하기도 어렵다. 이를 위해 현재 구글이 여러 프로젝트(project)에서 사용하고 있는 크라우드소싱(crowdsourcing)을 통한 데이터 수집을 고려할 수 있다. 또한, 음성 데이터 증강, 전이 학습(transfer learning) 등의 방법도 데이터를 더욱 쉽게 확보하는 데에 도움이 된다. 데이터가 확보되면 AI는 지역어의 미세한 차이와 지역적 특성을 이해하고 더욱 정밀한 인식과 응답을 제공하는 등 전반적 성능 향상과 사용자 맞춤형 서비스 제공을 위한 기반이 된다. 그리고 지역어 특성을 정확히 반영하는 텍스트, 억양, 모음의 장단 등 음운 정보를 포함한 라벨링(labelling)이 학습용 데이터의 질을 높이는 데에 중요하다. 풍부한 데이터는 AI의 학습 알고리즘을 개선하여, 지역어 사용자가 AI와의 상호 작용에서 더욱 만족스러운 경험을 얻도록 한다.

둘째, 다양한 지역어를 모두 학습하고 처리하려면 AI 모델의 복잡성이 증가할 수 있다. 이는 여러 지역어의 특징을 정확히 이해하고, 각각의 언어적 변화를 반영하기 위해 모델 구조와 알고리즘을 더 정교하게 설계해야 한다는 의미다. 다양한 지역어를 지원하기 위해서는 많은 양의 데이터를 처리하고, 각 방언의 독특한 어휘 · 의미를 비롯하여 발음 · 억양 · 문법적 차이 등을 학습할 수 있는 복잡한 네트워크가 필요하다. 복잡성 증가는 모델의 학습 시간과 계산 자원을 증가시킬 수 있으므로, 효율적인 데이터 처리와 적절한 자원 관리가 필요하다. 이러한 도전 과제의 해결을 위해서는 고도화된 기술과 최적화된 알고리즘 개발이 요구되며, 지속적인 성능 향상과 유지 관리가 필수적이다.

참고문헌

김상배(2024.2.20). 'AI 국가주권' 전략, 한시가 급하다.

≪문화일보≫, https://www.munhwa.com/news/view.html?no=2024022001033011000002

문재호(2020.11.4). 솔트룩스, '한국어 방언 AI데이터' 구축…"AI가 사투리를 산다". ≪AI타임스≫, https://www.aitimes.com/news/articleView.html?idxno=133511

옥성수·김수연(2024). 인공지능 학습을 위한 중노년층 방언 음성 데이터 구축 전략 및 분석. ≪언어학≫, 32(1), 1-19쪽.

장순규·이지훈(2019). AI 음성비서의 사투리 구사가 사용자의 친밀감과 사용성에 미치는 영향. ≪디자인학연구≫, 32(4), 71-83쪽.

황순희(2018). 언어사용역을 활용한 공학 텍스트의 탐색과 분석. ≪인문언어≫, 20(1), 29-55쪽.

Dautenhahn, K.(2007). Socially intelligent robots: dimensions of human - robot interaction. *Philosophical Transactions of the Royal society b: Biological sciences*, 362(1480), pp.679-704.

Mitchelle, W. J., et al.(2011). A mismatch in the huamn realism of face and voice produce an uncanny vally. *I-perception*, 2(1), pp.10-12.

황순희

홍익대학교 교양과 부교수다. 프랑스 파리 8대학 언어과학(박사), 프랑스 루앙대학교 외국어교수법(석사), 이화여자대학교 불어불문학과(학사)를 졸업했다. 귀국 후 부산대학교 U-Port IT 산학공동사업단+정보컴퓨터공학부에서 박사 후 연수연구원으로 연구했다. 2024년 현재, 한국공학교육학회 학술이사, 한국공학교육학회 논문지 ≪공학교육연구≫ 편집위원, 한국교양기초교육원의 대학교양기초교육컨설팅 컨설턴트로 활동하고 있다. 다수의 해외 학술지(Sustainability, Education Sciences 등), 논문 심사위원(reviewer)으로도 활동 중이다. 한국공학교육학회 이병기우수논문상(2023, 2017)과 여러 차례 우수 발표 논문상을 수상했다. 프랑스어 의미론 연구를 시작으로 자연어 처리, 언어 장애, 언어 습득 관련 다수의 연구 과제를 수행했고, 공학 교육, 의사소통 교육으로 연구 지평을 확대해 오고 있다. "Differences in academic persistence intentions among STEM undergraduates in South Korea"(2024), "공과대학생의 쓰기 효능감이 쓰기 메타인지전략과 쓰기 불안에 미치는 영향"(2023)을 비롯하여, 국내외 100편 이상의 연구 논문을 SCI(E), SSCI, SCOPUS, KCI 등 등재 학술지에 게재했다. 저서로 『공학인을 위한 스피치의 이해와 실제』(2013), 역서로 『살아 있는 무명용사 이야기』(2004), 『에쁘롱: 니체의 문체들』(1998)(공역)이 있다.